내가 **꽃**인 줄 몰랐습니다

배영희 에세이

내가 꽃인 줄 몰랐습니다

초판 1쇄 발행 2023년 05월 19일
2쇄 발행 2023년 11월 30일

지은이 배영희
펴낸이 장현수
펴낸곳 메이킹북스
출판등록 제 2019-000010호

디자인 최미영
편집 최미영
교정 안지은
마케팅 김소형

주소 서울특별시 구로구 경인로 661, 핀포인트타워 912-914호
전화 02-2135-5086
팩스 02-2135-5087
이메일 making_books@naver.com
홈페이지 www.makingbooks.co.kr

ISBN 979-11-6791-366-1(03810)
값 16,800원

ⓒ 배영희 2023 Printed in Korea

잘못된 책은 구입하신 곳에서 바꾸어 드립니다.
이 책의 전부 또는 일부 내용을 재사용하려면 사전에 저작권자와 펴낸곳의 동의를 받아야 합니다.

메이킹북스는 저자님의 소중한 투고 원고를 기다립니다.
출간에 대한 관심이 있으신 분은 making_books@naver.com로 보내 주세요.

내가 꽃인 줄 몰랐습니다

배영희 에세이

메이킹북스

프롤로그

내가 꽃일 줄이야

육십을 넘어서니 이제 좀 살 것 같다.
화나는 일도 줄어들고 딱히 미운 사람도 없다.
외롭고 막막하고, 고단하고 아린 시간을 건너
고요한 호수 길을 걷는 나이가 되었다.

그동안 지방 신문에 실었던 글이 80편이나 된다.
그중 50편을 간추려 한 권의 책으로 묶었다.
내 모습을 있는 그대로 쏟아내고 나니
후련하기도 하지만, 알몸을 드러낸 듯 부끄럽기도 하다.

사람들은 누구나 다 꽃이다.
돌 틈 사이에 피든, 정원에 피든, 들판에 흐드러지게 피든
우리는 모두 아름다운 꽃으로 피었다 진다.

이 글을 읽는 독자들 가슴에
햇살 가득한 봄날의 따스한 온기를 전하고 싶다.
이제 곧 새싹을 틔울 보드라운 흙 한 줌 가만히 쥐어본다.

2023년 푸른달에
배 영 희

목차

1장 꽃망울에 비는 내리고

마음속 옹이	012
풀고 나니 별것도 아니다	017
씨받이 옥동댁	021
여덟 살 많은 엄마 1	025
여덟 살 많은 엄마 2	029
여덟 살 많은 엄마 3	032
여덟 살 많은 엄마 4	036
한 남자와 두 여자 1	039
한 남자와 두 여자 2	041
살아 계신 아버지 1	044
살아 계신 아버지 2	048
가난한 내 어머니 1	051
가난한 내 어머니 2	056
가난한 내 어머니 3	059
카네이션 세 송이	062
어미 마음	065
내 아이의 고향	068

2장 붉고 붉게 피어나서

마흔네 살 차이   074
부부의 날   077
나쁜 인연은 없다   081
노각, 은은한 향기   084
새끼발가락   087
1박 2일 부부 여행   091
황혼의 사랑   094
순두부 한 그릇   098
여백 만들기   101
시절 인연   104
결혼 생활 1   108
결혼 생활 2   112
사기꾼과 어머니   116
옥에 티   120
내 마음이 네 마음   125
어린이날을 맞이하며   129
한 해를 보내며   132
외줄 타기   135

3장 꽃잎으로 남으리

가슴으로 쓰는 글	140
설리번은 살아 있다	143
주인을 찾습니다	146
춤을 춘다	149
과거와 이별하기	152
각자의 속도	155
죽음을 준비하다	158
가끔은 아파야 한다	162
친구야, 니만 알아라	165
지구별 여행 중	169
하루씩 살기	172
가을이 보내온 편지	175
어제 마음, 오늘 마음이 다르다	178
입춘대길	181
고목에도 피는 봄	184
반가운 기침소리	187

양파꽃

눈빛이 맑으려면 가끔은 울어야죠
눈물이 마를 때쯤 속없이 웃게 돼요

꽃잎이
그냥 피나요
알잖아요, 당신도

1장
꽃망울에 비는 내리고

마음속 옹이

　내 가슴속에는 누구에게도 말 못 하고 평생 묻어둔 응어리가 있다. 만약 이 응어리를 풀지 못한 채 엄마가 돌아가시면 크게 후회할 것 같았다. 죽은 사람 무덤이라도 파고 싶다던 친구의 이야기를 듣고 용기를 내게 되었다.

　그런데 어디서부터 어떻게 풀어야 한단 말인가. 조심스럽게 내 마음을 들춰보기로 했다. 숨기고, 감추고, 꽁꽁 싸맨 응어리를 건드리자 통증이 날것으로 올라온다. 너무 따갑고, 쓰리고, 아프다. 그냥 이대로 다시 덮을까 하고 잠시 망설였다.

　엄마는 벌써 아흔이 다 되었고 나도 환갑이 지났는데 남들이 들으면 웃을 일이다. 눈도 귀도 잘 들리지 않는 종잇조각 같은 엄마한테 아직도 서운한 마음을 갖고 있다니 한심하다고 할 수도 있겠다.

　기억나는 첫 장면은 세 살 때인 것 같다. 엄마 품에 안기어 울기도 하고 투정도 부려야 했는데 그러질 못했다. 늘 혼자 놀았던 기억만 난다. 그때도 엄마 피부가 내 볼에 닿는 느낌이 포근

하진 않았다. 왜 그랬을까.

돌 지난 나를 두고 엄마가 집을 나갔다 한다. 중학교 때 이모가 말해줘서 알게 되었다. 하지만 여태껏 나만 알고 있는 비밀로 간직하고 있었다.

엄마는 언제나 힘이 셌고 절대로 이길 수 없는 존재였다. 유치원 다닐 때 일도 생생하게 떠오른다. 엄마가 입혀주는 옷을 입어야 했고 흙이 묻지 않게 놀아야 했다. 마음속으로는 '이 옷 입기 싫어요.' 하면서도 엄마의 예쁜 인형이 되어야 했으니 아무 말도 하지 못했다.

초등학교 졸업 때까지 머리를 한 번도 자르지 않았다. 엉덩이까지 내려오는 긴 머리를 엄마가 쫑쫑 땋아주는 걸 좋아했기 때문이다.

남들은 무남독녀라서 귀하게 자랐을 것이라 생각한다. 하지만 어린 시절 내내 나는 없었다. 그저 엄마의 딸로 자랐을 뿐이다. 엄마는 아기 코끼리를 어릴 때부터 묶어 놓으면 커서도 낮은 울타리를 못 넘는다는 것을 알고 있었을까.

겉은 이만큼 늙었는데 내 마음속 어린아이는 아직도 울고 있다. 마음속 옹이는 시간이 지나도 결코 없어지지 않고 더욱더 단단해지는 모양이다.

용기를 내기로 했다. 토요일 저녁, 막걸리 한 병을 놓고 둘이

앉았다.

"엄마."

"……"

"엄마!"

"응, 불렀나?"

귀가 잘 들리지 않으시니 큰 소리로 불러야 했다.

"왜 그랬노?"

"뭘?"

"그때 말이다. 왜 내 버리고 갔노?"

"언제 말이고?"

"내 돌 지나고 엄마가 집을 나갔다며."

"누가 그라더노?"

"이모한테 다 들었다. 2년간 이모가 키웠다고."

"……"

엄마는 고개를 돌려 창밖을 보았다.

"왜 그랬노, 왜."

내 목소리가 더 커졌다.

엄마는 아무 말도 하지 않았다.

"그래도 자기가 낳은 자식을 버리면 안 되는 거잖아."

뜨거운 눈물이 철철 쏟아졌다.

"어린 니가 얼마나 보고 싶었는 줄 아나?"

엄마의 입술이 떨렸다. 아버지가 하도 술만 먹고 돈도 모르고 해서 그랬단다.

먹고살아야 했기에 보따리 장사를 했고, 열심히 돈을 모아 돌아왔다고 한다.

"엄마."

"……"

"하나만 더 물어보자, 내가 국민학교 3학년 때 말이다."

"응, 동삼동 살 때 말이가?"

"그때 우리 집에 왜 경주 아저씨가 자고 갔노?"

"……"

"뭐 때문에 그랬냐고!"

콧물이 컥컥 목을 죄고 넘어왔다.

엄마는 일부러 그러는지 진짜 안 들리는지 휴지만 접었다 폈다 했다.

"내가 다 잊은 줄 알았제" 하고 어금니를 꽉 깨물었다.

"나는 평생 그 장면이 생생해서 얼마나 힘들었는 줄 아나?"

"......"

"내한테 미안하다고 말해라 안카나."

눈물, 콧물이 덩어리째 흘렀다.

깊이 박혀 있던 옹이가 뱃속에서 가슴을 타고 목구멍으로 쏟아졌다.

그렇게 휴지 한 통을 다 쓰고 집으로 돌아왔다.

결국 미안하다는 말은 못 들었지만 금방이라도 쓰러질 것 같은 엄마를 그냥 두고 문을 쾅, 닫고 나와버렸다.

풀고 나니 별것도 아니다

뜬눈으로 밤을 지샜다. 그런데 참 이상한 일이었다. 어제 그토록 미웠던 엄마가 혹시 나 때문에 충격을 받아 돌아가실까 봐 걱정이 되었다. 이불을 뒤집어쓰고 안절부절못하였다. 그때, 핸드폰이 울렸다. 시계를 보니 아침 7시다. 엄마였다. 받을까 말까 망설이다가 혹시 무슨 일이 있나 싶어 받았다.

"밥 무으로 온나."

"……"

"니 좋아하는 청국장 끓여놨다."

"……"

엄마 목소리에 그만 단단했던 바위가 와르르 무너진다.

"개안타."

"온나, 방아 이파리 뜯어 넣고 찌짐 굽는다."

엄마는 사정하고 있었다. 뜨거운 눈물이 볼을 타고 줄줄 흘러내린다. 응어리졌던 상처에서 고름이 쏟아진다. 엄마는 분명 내게 용서를 빌고 있었다. 대충 옷을 걸치고 엄마한테 갔다. 엄마 얼굴은 나보다 더 부어 있었다. 밤새 잠도 안 주무셨는지 잡곡밥까지 해두었다.

'이게 뭐란 말인가, 노인네가……'

마지못해 숟가락을 들었다. 눈물 한 방울이 국그릇에 뚝 떨어졌다. 꾸역꾸역 밥 한술을 떠 넣었다. 그동안 왜 그렇게 꽁꽁 싸매고 있었던가. 다시 눈물이 흘렀다. 진작에 풀어버렸으면 좋았을 걸 하는 후회도 들었다.

청국장 한입을 밀어넣자 덩어리진 상처가 한 올씩 풀어지는 것 같았다. 여태껏 안간힘을 쓰며 붙잡고 있던 빙산이 녹아 강물에 흘러가고 있었다.

젊은 엄마는 사라지고 지금 내 앞엔 1935년생, 등이 굽은 늙은 여인이 앉아 있다. 수많은 풍파를 겪고 살아남은 한 사람, 엄마이기 이전에 비로소 한 여자가 보였다. 일제 강점기를 거쳐, 6·25 피난길을 걸었던 세대다. 주린 배를 채우기 위해 꽁보리밥 한 덩이를 찾아 헤맸던, 전쟁통에서 오로지 살아남아야 했던 불쌍한 여자였다.

어느 날 흑백사진 속의 남자와 혼례를 치른다는 이야기를 듣고 도망쳐 나온 열아홉 살이었다. 무작정 흘러온 부산, 길바닥에서 닥치는 대로 궂은일을 해야 했다. 그러다 아버지를 만났고 나를 낳았다. 아버지는 사람만 좋았지 돈을 모으지 못했기에 엄마는 악착같이 돈을 벌어야 했다. 밑천 없이 할 수 있는 일은 보따리장수뿐이었고, 그 시절 돈이 되는 장사는 양담배를 몰래 파는 일이었다고 한다.

아버지는 바다를 떠도느라 석 달에 한 번 정도 집에 들렀다. 경주 아저씨는 양담배를 납품해주는 사람이었고 그러다가 잠시 흔들렸던 것 같다. 그럴 수 있다. 이제 내 나이가 되고 보니 그럴 수 있다는 생각이 든다. 사람은 누구나 실수를 할 수 있다. 과거는 이미 흘러갔고, 이제 매 순간 새로운 삶이 있을 뿐이다.

가시는 빼내는 것이 아니라 녹여내는 것이다. 용서 또한 다른 사람을 위해서 하는 것이 아니라 나 자신을 위한 것이다. 그동안은 딸로서 바라보던 엄마였지만 이제 한 여자로 엄마를 바라보게 되었다. 세월의 무게에 엄마는 늙고 꼬부라졌고, 나도 벌써 할머니라 불릴 나이가 되지 않았는가.

생각을 바꾸니 한바탕 태풍이 지나간 뒤 하늘이 맑아진 것처럼 내 마음이 한결 맑고 투명해진다. 털갈이를 하고 새로 날개를 펼친 공작새가 된 기분이다. 이제 더 이상 미워하지 않겠다. 엄마도 나처럼 미성숙한 여자였을 뿐이다.

남은 시간 동안 진정으로 엄마를 사랑할 수 있을 것 같다. 엄마가 사시면 얼마나 더 사실까. 매일 든든한 딸이 되어 재미있게 살리라.

풀고 나니 아무것도 아니었다. 아! 이렇게 별것도 아닌 것을······.

씨받이 옥동댁

1970년 수국이 필 무렵이다. 새벽에 할머니랑 길을 떠난 엄마는 아직 돌아오지 않았다.

나는 머리를 두 갈래로 땋은 열 살 소녀였다. 나는 하루 종일 혼자 마루 끝에 앉아 다리를 흔들면서 엄마를 기다렸다. 키 작은 채송화, 손톱에 물들일 봉숭아, 점이 있는 나리꽃이 친구가 되어주었다.

무화과나무는 담벼락을 반쯤 넘었고 닭벼슬 닮은 맨드라미도 피었다. 그중에서 가장 신기한 꽃은 수국이었다. 보라색으로 피었다가 어느 날 하늘색이 되고 며칠 지나면 분홍색으로 마술을 부린다.

엄마는 어제 작은방을 깨끗이 청소하였다. 전날 오신 할머니는 옥색 한복을 입으시고 동백기름으로 쪽머리를 하셨다.

땅거미가 질 무렵이었다. 옆집 강아지가 왈왈대고 철 대문 여는 소리가 들렸다. 엄마였다. 할머니가 제일 먼저 들어오고 낯선 여자가 그다음에 들어왔다. 엄마는 마지막에 들어서며 대문을 철컥 닫았다. 처음 보는 사람이었다. 나이는 잘 모르겠는데 얼굴이 갸름하고 하체가 좀 뚱뚱한 여자였다. 무슨 일인가 궁금해서 할머니와 엄마 얼굴을 번갈아 보았다.

할머니는 마루에 철퍼덕 주저앉아 부채질만 하였다. 엄마는 빨간 보따리를 작은방에 밀어 넣으며 낯선 여자를 들여보냈다. 그때까지 아버지는 돌아오지 않았고 나는 손톱 가시래기를 입으로 물어뜯는 일만 반복했다.

도대체 무슨 일일까.

1986년 임권택 감독과 영화배우 강수연이 찍은 〈씨받이〉란 영화가 있다. 베니스 영화제 여우주연상을 받은 유명한 작품이다. 조선 시대 어느 양반집 종손의 부인이 아기를 낳지 못하자 씨받이 여인을 들이는 이야기다. 그 시절의 여자들은 아들을 낳아야 가문의 대를 잇고 인간으로서의 도리를 다한다고 생각했다.

가문과 족보, 누구의 몇 대손인가가 중요한 시대였기에 아들만 사람이고 여자는 사람도 아니었다. 지금 같으면 말도 안 되는 일이지만 아들을 못 낳는 여자는 내쫓기기까지 했다.

아내를 내쫓는 일곱 가지 이유가 있는데 '칠거지악'이라 했다.

첫째, 아들이 없는 경우. 둘째, 음행을 하는 경우. 셋째, 시부모를 잘 섬기지 않는 경우. 넷째, 말이 많은 경우. 다섯째, 도둑질을 하는 경우. 여섯째, 질투를 하는 경우. 일곱째, 나쁜 질병이 있는 경우이다.

남자는 높고 귀하며 여자는 낮고 천하다는 '남존여비' 사상은 일상화되어 있었다. 아들이 집안의 대를 잇고 제사를 지내야 한다는 전통은 '남아 선호' 사상을 더욱 견고하게 만들었다.

엄마는 나를 낳은 지 10년이 지나도록 아기를 낳지 못했다. 자궁 외 임신으로 한쪽 나팔관을 떼어냈고, 하나 남은 나팔관마저 아이가 착상되어 두 번이나 수술을 하였다.

외할아버지는 족보 책을 펴 보이며 씨를 받아 대를 이어야 한다고 했다. 엄마도 '아들을 낳이야 죽이시도 조상을 볼 면목이 있겠구나' 했단다. 엄마가 쫓겨나지 않으려면 아들이 있어야 했다. 아들을 낳아줄 여자가 필요했다. 아들을 못 낳는 엄마는 설움을 배에 싣고 옥동으로 갔다. 거제도에서 배를 갈아타고 옥동이라는 작은 섬으로 갔다. 엄마 말에 의하면 산속에 집이 딱 두 채 있었다고 한다.

그렇게 옥동에서 온 여인은 그날부터 함께 살았다. 옥동댁이 오고부터 달력엔 동그라미가 그려지기 시작했다. 지금 생각해보니 월경일과 합방일을 기록했던 것 같다. 방이라고 해봐야 마루를 중심으로 세 칸 있었는데 작은방 앞엔 늘 재떨이가 놓여 있었다.

나는 벽지에 새겨진 무늬를 세다가 잠이 들었는데, 작은방 앞에서 줄담배를 피우는 아버지의 한숨 소리를 듣곤 했다. 엄마는 그때마다 장독간에 정화수를 떠놓고 달을 보고 빌었다.

1년이 지나도록 태기는 없었고 아버지도 손사래를 쳤다. 수국이 다시 필 무렵 옥동댁은 빨간 보따리를 안고 옥동으로 돌아갔다.

인간으로서 해서는 안 될 일이 우리 집에서 버젓이 일어나고 있었다.

여덟 살 많은 엄마 1

그때는 초등학교를 국민학교라고 했다. 국민학생들도 교복을 입었다. 5학년이었던 나는 두 갈래로 땋은 머리를 찰랑이며 대문을 들어섰다.

"학교 다녀왔습니다." 하고 책가방을 내려놓는데 처음 보는 신발이 마루 밑에 놓여 있었다. 누굴까······.

엄마는 평소보다 더 부드럽고 따뜻한 목소리로 "영희, 학교 갔다 왔냐." 하시며 방문을 열었다. 나는 엄마 얼굴은 보지도 않고 방 안을 기웃했다. 어떤 젊은 여자와 눈이 딱 마주쳤다. 그녀는 나를 보고 빙긋 미소를 지었다. 익히 알고 있다는 듯 반가워하는 표정이었다. 그것이 작은 엄마와의 첫 만남이었다. 옥동댁이 떠난 그다음 해였으니 1971년인 것 같다.

엄마는 오늘부터 저 사람이 우리 집에서 같이 살 거라 했다. 나는 젊은 여자가 왠지 좀 안쓰럽다는 생각이 들었다. 뭐라고 불러야 할지 몰라 '저기요'라고 불렀다.

우리는 금세 친해졌다. 오래전부터 함께 살아온 사람처럼 편하기까지 했다. 언제나 혼자였던 나였기에 언니가 생긴 것 같았다. 엄마 대신 도시락을 챙겨주었고 학교에 갔다 오면 대문 앞에서 기다리고 있었다.

연탄불 위에 국자를 올리고 엄마 몰래 똥과자(달고나)를 만들어 먹었다. 설탕에 소다를 찍어 넣어 뭉게뭉게 부푼 똥과자는 참 맛있었다. 혀끝에 침을 살살 발라 별 모양을 만들며 시간 가는 줄 모르고 놀았다.

저기요의 뱃속에 아기가 자라고 있는 것도 모르고 우리는 친구처럼 지냈다. 둘 다 철부지였다.

저기요는 전깃불도 없는 강원도 삼척 깊은 산골에서 태어나 그곳에서 열아홉까지 살았다 한다. 그 나이가 되도록 학교 근처에도 가지 못했다. 날마다 산나물을 뜯고 산으로 들로 소를 몰고 다녔다.

저기요는 언덕에 앉아 턱을 괴고 어떻게 하면 이 답답한 곳을 벗어날 수 있을까 궁리했다. 마침내 도회지로 도망쳐야겠다고 결심했다.

진달래꽃이 필 무렵 첫닭이 울기 전에 집을 뛰쳐나왔다. 40리를 걸어 버스 정류장에 도착했다. 흙먼지를 뽀얗게 날리며 낡은 버스가 도착했다. 무작정 가방 하나 달랑 들고 올라탔다. 어디로 가는지도 몰랐고 버스를 타보는 것도 처음이었다. 툴툴거리며 달리는 비포장도로에서 노랗게 멀미가 났다. 한참을 그렇게 달렸다.

바다가 보였고 버스는 멈추었다. 기사가 종착지라고 내리라 했다. 어디냐고 물으니 포항이라고 했다. 버스를 타고 올 때는 양장점 같은 곳에 가서 바느질을 배우리라 생각했었다. 그런데 어지럽고 낯설었고 무엇보다 배가 고팠다. 당분간 누가 밥이라도 먹여주면 좋겠다고 생각했다. 어느 허름한 식당 앞을 기웃거렸다. 다행히도 마음씨 좋은 주인아줌마는 식당 일을 거들며 먹고 자도 좋다 하였다. 저기요의 포항 생활은 그렇게 시작되었다.

아버지는 바다를 지키는 해양경찰이었다. 저기요가 있는 식당은 부두에서 가까운 아버지의 단골 밥집이었다. 39세의 건장한 남자, 아버지의 몸엔 경찰복이 썩 잘 어울렸다. 늠름하게 모자를 쓰고 어깨에 계급장도 달고 있었으니 믿음이 갔을 것이다. 엄마가 맨날 '너그 아버지 얼굴 보고 결혼했다.' 할 정도니 저기요의 눈에도 그렇게 보였을 것이다. 내가 봐도 아버지는 멋있고 선량한 사람이었다.

한 번은 아버지 손을 잡고 아버지 배, 그러니까 해양경찰선을 타본 적이 있었다. 밖에서 볼 때는 2층이었는데 물 아래로는 3층도 더 되는 것 같았다. 어마어마한 크기였고 기관총 같은 것도 있어서 아버지가 특별해 보였다. 거기다가 배 안에 있는 사람들이 아버지께 차렷 자세로 경례하는 모습을 보니 아버지가 더욱 자랑스러웠다.

하지만 엄마는 "남자가 박력도 없이 물에 물 탄 듯, 술에 술 탄 듯하다"면서 자주 타박을 주곤 했다. 아버지는 친구를 좋아하고 술을 좋아하는 그런 사람이었다. 저기요도 아마 아버지의 친절한 관심과 배려에 마음이 끌렸던 것 같다. 우연일까, 필연일까. 어쨌든 시간은 빠르게 흘러갔다.

여덟 살 많은 엄마 2

아버지는 애주가였다. 밥상에 항상 술잔이 놓여 있었다. 어쩜 밥 한술에 쐬주 한 잔을 국물처럼 마셨는지도 모르겠다. 얼큰하게 취기가 오르면 노래를 불렀다. 그때만 해도 젓가락으로 밥상을 두드리며 노래 장단을 맞추는 일이 다반사였다. '아~ 으악새 슬피 우니 가을인가요.'로 시작해서 '울어라 열풍아, 밤이 새도록'으로 마무리했다.

그 시절 우리 집에는 동네에서 유일하게 흑백 TV가 있었다.

일찌감치 저녁밥을 해 먹은 동네 사람들이 삼삼오오 우리 집으로 몰려들었다. 아이고 어른이고 할 것 없이 다닥다닥 붙어 앉았다. 김일의 박치기 '레슬링'을 볼 때면 남자들이 주먹을 휘두르며 소리소리 질렀고, 장욱제와 태현실이 주연인 '여로'를 볼 때는 여자들이 눈물, 콧물을 찍어냈다.

아버지는 배를 타고 바다에 떠 있다가 한 달에 한 번꼴로 집에 오셨다. 그날도 술을 한 잔 걸치고 터벅터벅 들어오셨다.

"영희 엄마, 앉아봐라."

"와 그라능교?"

"니 정말 아들 낳고 싶나?"

"그걸 말이라고 하능교."

아버지는 막걸리 잔을 단숨에 비웠다.

성질 급한 엄마가 물었다.

"어데, 아 하나 맨들었능교?"

아버지는 또 한 잔 술을 부었다.

"아따마, 그만 묵고 말 좀 해보이소."

아들 때문에 미쳐 있던 엄마는 아버지 옆으로 바짝 다가앉았다.

아버지는 아마도 그런 것 같다고 고개를 끄덕였다.

다음 날 아침, 엄마는 아버지를 앞세우고 부산에서 포항 가는 버스를 탔다. 포항에 도착하자 아버지는 손가락으로 저기 저 집이라고 가리켜주고 당신은 배로 올라가버렸다.

엄마는 쏜살같이 그 식당으로 들어갔다. 저기요는 설거지를 하고 있었고 주인은 파리채를 들고 있었다.

엄마는 조심스레 "저 좀 보이소" 하며 찾아온 이유를 말했다. 저기요는 그만 놀라서 뒷문으로 도망을 쳤다. 그날이 마침, 설거지를 해놓고 아이를 떼러 병원에 가려고 한 날이었다.

엄마는 맨발로 뛰어가서 저기요의 팔을 붙잡았다.

"내 좀 살려다오, 지발 좀 살려다오, 아들 못 낳아 내가 쫓겨날 신세다, 아직 새파랗게 젊은데 아만 낳아주고 가면 되지 않것나. 니도 팔자 한번 고쳐봐야제, 안 그렇나." 하면서 애원했다.

식당 주인도 거들었다. 죽은 사람 소원도 들어주는데 산 사람 소원 좀 들어주라면서 등을 떠밀었다. 그동안 아버지를 봐왔는데 법 없이도 살 사람이더라 하면서 엄마 편을 들었다.

저기요는 사실 아이를 지운다는 것이 무섭고 두려웠다. 그래서 한참을 생각하더니 못 이기는 척 엄마를 따라나섰다. 한 여자의 일생이 소용돌이치는 강물 같았다. 운명치곤 너무나 가혹했다.

동네 사람들은 배부른 저기요를 보고 수근댔다. 임마 앞에선 잘됐다 했지만 방문을 닫고 들어가서는 쯧쯧 안됐다 했을 것이다.

저기요는 엄마가 해주는 비빔밥이며 고기반찬을 맛있게 먹었다. 웃는 날이 많아지고 말수도 늘어났다. 나와도 훨씬 가까워졌다.

그러나 저기요의 앞날은 채널이 바로 안 잡혀 한참 동안 지직거리는 흑백 TV와도 같았다.

여덟 살 많은 엄마 3

봉숭아꽃은 핏물처럼 붉었다. 연하디연한 꽃잎을 따서 백반과 함께 돌멩이로 찧었다. 저기요는 꽃잎을 내 손톱에 곱게 올리고 봉숭아 이파리로 살짝 감싼 후 실로 챙챙 동여맸다.

쪼그리고 앉았던 저기요가 갑자기 배를 감싸면서 "악" 하고 나뒹굴어졌다. 엄마는 빨리 가서 산파를 불러오라고 소리를 쳤다.

연탄불에 물 바케쓰가 올라가고 세숫대야가 방안으로 들어가고 저기요는 으악 으악, 죽는다고 소리를 쳤다. 사람 살려, 사람 죽네, 비명소리에 동네 사람들이 마당으로 모여들었다.

나는 도대체 뭘 어떻게 해야 할지 몰라 허둥댔다.

"응애~ 응애~"

그렇게도 기다리던 고추였다.

세숫대야에 담긴 꽃물이 마루로 나왔다. 새끼줄에 빨간 고추와 숯을 끼워 대문 위에 금줄을 매달았다. 금줄은 아기를 낳았다는 것을 알려 다른 사람들이 들어오지 못하게 하는 표시였다.

우리 집 마당엔 아기 울음소리가 뭉게뭉게 피어났고, 하얀 옥양목 기저귀가 태극기처럼 힘차게 펄럭였다. 아기는 건강했고 저기요의 가슴에도 봄 햇살이 가득했다. 엄마는 덩실덩실 신바람이 났고 아버지도 말은 없었지만 속으로 무척이나 좋아하는 것 같았다. 모처럼 행복의 꽃이 활짝 피었다.

딱 한 가지 빗나간 일이 있었다. 엄마는 절대로 젖을 물리지 말고 분유를 먹여야 한다고 했다. 저기요도 그게 좋겠다고 했다.

그런데 아기가 분유를 먹지 않았다. 어떤 방법을 써봐도 젖병을 빨지 않았다. 울다가 지친 아기에게 어쩔 수 없이 젖을 물렸다. 아기는 숨 가쁘게 젖을 빨았다. 어미 사랑이 젖줄을 타고 아기에게 흘러가고 아기는 방긋방긋 웃으며 엄마와 눈을 맞췄다. 어미와 아기는 한 몸이었다.

저기요의 젖은 너무 많이 나왔다. 하루에도 몇 번씩 사발로 받아서 굴뚝 옆에 부었다.

어느새 백일이 되었다.

백설기 떡을 길 가는 사람 100명에게 나눠주면 아기의 명이 길어진다고 해서 엄마와 나는 큰길에 나와서 떡을 돌렸다. 백일잔치 음식을 준비하느라고 집안이 떠들썩했다.

큰 상이 차려지고 아버지가 오셨다. 저기요를 불렀다. 아무

대답이 없었다. 방문을 열었다. 아기도 없고 저기요도 없고 포대기랑 보따리도 없었다. 저기요가 도망쳤다.

엄마는 대성통곡을 했다. 내 팔자야 하며 주저앉아 버렸다. 못 먹던 막걸리를 벌컥벌컥 마시고 실성한 사람이 되어갔다. 날마다 목을 꺾으며 울었고 밤새도록 '여자의 일생' 노래를 불렀다. 탄식 소리가 끊어졌다 이어졌다를 반복하였다.

한 달쯤 지났을까.

저기요는 용케도 속초에 있는 할머니 집을 찾아갔다. 그때 아버지는 속초항에 근무하고 있었다. 할머니는 아들 낳은 젊은 며느리가 좋았다. 할머니 집 옆에 신혼집이 차려졌다.

엄마가 그걸 알게 되었다. 엄마는 그냥 아들만 빼앗아오면 모든 게 해결된다고 생각했다. 어느 날 엄마가 속초에 갔다. 숨어서 망을 보고 있다가 아이를 훔쳐 왔다. 아이를 들쳐 업고 기차와 버스를 번갈아 타며 밤새 달렸다. 엄마도 엄마지만 아기가 얼마나 힘들었을까.

아이는 배가 고파 울었다. 준비해간 젖병은 여전히 빨지 않았다. 다음 날 새벽에 집에 도착한 엄마는 오자마자 옆집 홍이 엄마한테로 갔다. 홍이 엄마에게는 우리 아이와 비슷한 젖먹이 아이가 있었다. 젖을 물리자마자 아이는 힘차게 젖을 빨았다. 배가 가득 찰 때까지 먹고 그윽, 트림을 했다. 밤새 피곤했던 엄마는 이불장에 들어가 한잠을 잤다.

집으로 오려는데 우체통 집 아줌마가 고무신이 벗겨질 정도로 바쁘게 뛰어왔다.

"아이고! 영희 엄마, 큰일 났다. 그 아 엄마가 지금 너그 집에 와 있다."

엄마는 숨고 아이는 울었다. 아이 전쟁이 다시 시작되었다.

여덟 살 많은 엄마 4

엄마는 아기를 포대기에 싸안고 홍이네 다락방에 숨었다. 고무신은 감췄지만 아기 울음소리가 새 나갈까 봐 간이 졸아들었다. 저기요는 성난 망아지처럼 길길이 날뛰었다. 허락도 없이 이 집 저 집 방문을 마구 열어보고 우리 아가, 우리 아가, 하면서 미친 듯이 울부짖었다.

아무것도 모르는 나는 교문을 나오다가 저기요를 만났다. 하도 오랜만이라 무척 반가웠다. 저기요는 내 손을 잡으며 "엄마가 너 델꼬 오래여" 했다. 책가방을 들고 따라갔더니 어떤 집 문간방이었다. 엄마를 모셔올 테니 여기서 잠시 기다리라고, 걱정하지 말라고 했다. 혹시나 누가 방문을 열면 안 되니까 자기가 밖에서 문을 잠그겠노라 했다.

뭔가 좀 이상하다는 생각이 들었다. 저기요는 우리 집 근처로 갔다.

"동네 사람들~"

동네가 떠나가도록 소리 소리를 질렀다. 내 새끼 안 주면 지

새끼 데려간다며 입에 거품을 물었다. 엄마하고 제일 친한 우체통 집 아줌마가 홍이 집으로 왔다.

"영희네야, 내 말 좀 들어봐래이." 하며 마른 침을 삼켰다.

"저 여자는 아 안 주고는 안되겠데이. 이 아 안 주면 니 새끼 영희 데꼬 간다 안 카나." 하며 고개를 절레절레 저었다.

"뭐라꼬요?" 엄마는 눈이 휘둥그레졌다.

"고마 니 새끼 니 키우고 지 새끼 지 키우라 해뿌라."

아기가 그 말을 알아들었는지 잠에서 깨어나 칭얼댔다. 우체통 집 아줌마가 홍이 엄마한테 눈을 껌뻑거렸다. 홍이 엄마가 조용히 나가서 저기요를 데려왔다. 아기는 저기요의 품에 안겼나. 저기요가 펑펑 울면서 말했다.

"나는요, 아무것도 필요 없고요. 아만 있으마 되는 기라요."

저기요의 모성애는 그 누구보다 강했다. 나는 어둑해질 무렵에서야 우리 집으로 돌아올 수 있었다.

엄마는 눈이 퉁퉁 붓고, 저기요도 눈이 퉁퉁 붓고, 나도 뜬눈으로 밤을 지새웠다.

아침이 되자 저기요는 엄마한테 밥상을 차려 드렸다. 그리고는 아기를 업고 속초로 돌아갔다.

엄마는 말문이 막혀 내 팔자야, 내 신세야 하며 처량하게 울었다. 한 달에 한 번 오시던 아버지도 이제 6개월에 한 번 정도로 뜨문뜨문 오셨다.

모처럼 아버지 오시는 날은 바가지가 깨지는 날이었다. 엄마는 "젊은 년하고 사니까 좋더냐" 하며 아버지를 들볶았다.

나는 그런 어른들을 도무지 이해할 수 없었다. 별이 뜨면 브로크 담벼락에 턱을 괴고 하염없이 밤바다를 바라보았다. 산다는 게 무엇인지 바다에게 물었다. 아들이 왜 그렇게 소중한지, 나는 왜 딸로 태어났는지 물었다.

오륙도 등대는 내게 울지 말라며 깜빡깜빡 위로해주었고, 검은 바다는 철썩철썩 마음을 쓰다듬어주었다. 시간은 좀처럼 흐르지 않았다. 하지만 내 인생에서 가장 깊이 사유했던 시간이었다.

그리고 얼마 후, 저기요가 둘째 아들을 낳았다는 소식을 들었다.

일 년에 한 번 할아버지 제사에 맞춰 속초에 가곤 했는데 아이들은 한 해가 다르게 쑥쑥 자라고 있었다.

한 남자와 두 여자 1

   스무 살이나 많은 남편을 만났으니 저기요는 호강을 누리며 살았어야 했다. 그러나 아버지는 아홉 살, 일곱 살의 어린 자식들을 남겨두고 야속하게 떠나셨다. 심장마비였다.

   잘 있으라는 한마디 말도 없이 영영 돌아오지 못할 길을 가신 것이다. 아무런 준비도 없이 맞게 되는 죽음이란 얼마나 황망한 일인가. 그럼에도 우리들은 죽음이 나와는 무관한 일인 것처럼 하루하루를 살아간다.

   아버지는 일제 강점기에 태어나서 6·25 사변을 겪은 세대다. 그때는 배만 곯지 않아도 잘 사는 것이었으니 고생은 이루 말할 수도 없었다. 무너져 가는 판자촌에서 가난을 이기려는 노력은 눈물겨웠다.

   아버지의 꿈은 마도로스였다. 해군이 되고 해양경찰이 되었으니 꿈을 웬만큼 실현한 셈이다. 한때는 푸른 바다를 가르는 멋진 사나이였다.

   당시 여성들이 부러워한 코끼리 전기밥솥을 엄마한테 안겨주는 괜찮은 남자였다. 하지만 두 여자 사이에서 이러지도 못하고 저러지도 못하고 소주만 마시다가 생을 마감하였다.

그때 저기요의 나이가 스물아홉이었다. 나이 많은 남편이 갑자기 죽고 나니 앞이 캄캄했다. 배운 것도 없고, 가진 것도 없었다. 시어머니라는 사람은 치매에 걸렸고 사내아이들은 천방지축이었다.

천리만리 도망가 버릴까 생각도 했지만 어린 새끼들이 눈에 밟혀 발이 떨어지지 않았다. 산 입에 풀칠은 해야겠는데 막막했다. 꺼이꺼이 목 놓아 울다가 이를 악물고 일어섰다.

저기요가 할 수 있는 일은 시장 바닥으로 나가는 것뿐이었다. 마당에 뒹굴고 있던 고무 다라이를 이고 부둣가로 갔다. 고깃배가 싣고 온 생선을 받았다. "칼치 사이소, 명태 사이소." 골목골목을 누비고 다녔다. 생선 대가리를 자르고 비늘을 벗겨냈다. 팔다 남은 몇 마리 생선은 꾸벅꾸벅 졸면서 팔았다. 온몸에 밴 생선 비린내는 아무리 씻어도 씻기지 않았다.

끼룩끼룩 갈매기가 낮게 나는 새벽이 오면 뱃고동 소리가 들리는 선창가로 나갔다. 잠은 늘 부족했고 몸은 더 야위어갔다.

아이들은 저희들끼리 옷소매로 콧물을 닦아주며 자랐다. 저기요는 꼬깃꼬깃 소금기 밴 돈을 펴서 아이들에게 공책과 연필을 사주었다. 자식들 입에 밥 들어가는 것이 큰 낙이었으나 저기요의 마음 밑바닥엔 늘 생선 가시가 걸려 있었다.

한 남자와 두 여자 2

　엄마는 아들을 못 낳는 죄인이었다. 아들, 아들 하다가 아버지마저 빼앗기는 신세가 되었으니 한이 어지간히 많은 여자였다. 아웅다웅 싸울망정 그래도 남편이 있을 때가 좋았다. 막상 비명에 가시고 나니 마른하늘에 날벼락이 따로 없었다. 아들 타령만 하지 않았어도 이렇게 일찍 가시지는 않았을 텐데 하는 자책감이 들었을 것이다. 울어봐도 소용없는 일이고 모두가 지난 일이었다.

　우선은 살아야 했다. 어떻게든 남편 없이 살아내야 했고 하나뿐인 딸이라도 잘 키워야 했다. 남편 복도 없고 자식 복도 없는데 늙고 병들어 갈 자신의 모습을 생각해보니 무섭기도 했다. 딸은 출가외인이니 언젠가 떠날 것이고, 그러면 당신 혼자 살아야 하는데 막막하기 그지없었다.

　남에게 무시당하지 않으려면 돈이라도 있어야 한다는 생각이 들었다. 십 원 한 장에도 손을 발발 떨던 엄마는 점점 돈 한 푼 쓰지 않는 자린고비가 되어갔다. 눈앞에 오직 돈만 보이는 억척스러운 여자로 변해갔다.

　우리 집은 산등성이에 있었다. 부산이 제2의 도시라지만 그때는 수돗물도 없었다. 물을 구하려면 모두 우물가로 가야만 했다. 우물가는 동네 사람들이 모이는 아지트였다. 아낙네들은 물동이를 이고 와서 자잘한 동네 소식을 전했고, 한쪽에서는 쌀을 씻고 콩나물도 씻었다.

　엄마는 생각했다. 밑천 없이 돈을 벌 수 있는 일은 물장수라고. 다음 날 시장에 나가 양철통을 준비하고 어깨너비에 맞춰 물지게를 장만했다. 그리고 밤이 되길 기다렸다. 남자처럼 보이려고 아버지 바지를 고무줄로 묶어 입었다. 물지게는 양쪽의 균형을 잘 잡아야 하는데 걸을 때마다 철렁철렁 물이 쏟아졌다. 한 방울의 물도 흘리지 않으려고 아랫입술을 퍼렇게 깨물었다.

　골목길을 지날 때는 벽면에 양철통이 부딪히지 않게 조심해야 했다. 엄마의 몸은 금세 물 반, 땀 반으로 젖어버렸다. 주로 이발소 집, 콩나물 집, 막걸리 도가의 물 항아리를 밤새 채웠다.

　이 일은 혼자 할 수 있는 일이 아니었다. 한밤중에도 양동이의 줄은 길게 이어졌다. 누가 지키지 않으면 금방 새치기를 당하기 때문에 나는 양동이 옆에 바짝 붙어 있어야 했다. 양동이는 모두 네 개였는데 두 개를 짝으로 세워 놓고 한 칸씩, 한 칸씩

당겨놓았다.

엄마가 오기 전에 물을 퍼 담아야 했다. 우물은 바가지 샘이었는데 물이 적어서 밑바닥까지 박박 긁었다. 팔이 짧았던 나는 한 방울의 물이라도 더 담기 위해 상체를 우물 속에 밀어 넣었다.

엄마가 돌아오면 지게에 달린 S자 쇠고리에 양철통을 걸었다. 고무신에 고인 물소리가 찌걱찌걱 두어 번 난 뒤에 "어영차" 하며 엄마가 일어섰다. 나는 또다시 맨 끄트머리로 가서 양철통과 함께 줄을 섰다.

여자는 약해도 엄마는 강인했다. 친구들이 곤히 잠든 밤에도 나는 엄마의 물장수 일을 도왔다. 친구들이 군것질해두 나는 돈을 쓰지 않았다. 십 원짜리를 차곡차곡 모아 빗자루도 사고 숟가락 통도 사고 파리채도 샀다.

엄마와 나의 성격은 사뭇 달랐고, 생각의 결도 달라 마음속으로는 엄마를 좋아하지 않았다. 하지만 힘을 합쳐 사는 것 말고는 다른 도리가 없었다. 엄마도, 나도 고단한 시간이었다.

살아 계신 아버지 1

아버지 돌아가신 지가 벌써 40년도 더 지났다. 그토록 그립던 아버지는 꿈에 딱 두 번 오셨는데 마치 생시 같았다.

내 기억 속에 살아 있는 아버지는 좀처럼 나를 땅에 내려놓지 않으셨다. 무릎에 앉히거나 목마를 태워주셨다. 꿀처럼 달콤하게 내 눈을 바라보셨고 가끔씩 귓불을 당겨주셨다. 수시로 머리를 쓰다듬고 등을 토닥여 주시기도 했다. 아버지 손이 내 피부에 맞닿을 때는 아버지와 나만이 느낄 수 있는 따뜻한 사랑의 젖줄이 흘렀다. 무남독녀로 자란 덕분에 아버지 사랑은 오직 나였다. 얼굴도 쏙 빼닮았지만 말 없는 과묵한 성격이 나는 좋았다.

눈 오는 밤 퇴근길에 군고구마를 들고 오셨다. 별이 반짝이는 밤에는 군밤 봉지를 가죽 잠바 속에 품고 오셨다. 새까만 껍질을 벗기고 호호 불며 군밤을 입에 넣어주셨다.

말 많은 엄마의 등쌀에 아버지의 속은 군고구마처럼 시커멓게 타들어갔다. 엄마의 잔소리 때문에 심장이 푹푹 익었으리라.

그런 가운데도 나에 대한 아버지의 사랑은 극진하였다.

이제 첫 번째 꿈 이야기를 하려고 한다. 꿈의 배경은 어린 시절 뛰어놀았던 부산 동삼동이었다. 우리 집 옆에 구멍가게가 있었는데, 가게 앞 탁자에 아버지랑 아버지 친구 복석이 아버지가 앉아 계셨다.

아버지는 내 손등을 꽉 쥐며 "영희야, 그라믄 안 된대이. 내 말대로 꼭 하거래이." 하시며 얼굴을 가까이 대고 다독이셨다.

"가다보면 왼쪽에 큰 소나무 한 그루가 나올 거다. 그때 소나무 옆길로 핸들을 틀거라" 하고 신신당부를 하시는 거다.

나는 머리를 숙인 채 "아버지 괜찮아요, 저도 어쩔 수 없어요" 했다.

복석이 아버지도 "영희야, 아버지 말 들어래이. 그라믄 안 된대이" 하셨다.

아버지는 애가 닳아 어쩔 줄을 모르셨다.

"아버지, 그동안 아버지 말씀을 한 번도 거역한 적이 없는데 이번에는 안 되겠어요" 하고 벌떡 일어섰다.

아버지는 "안 된다 영희야, 꼭 내 시키는 대로 하거래이" 하시며 목이 메었다.

꿈속에서 나는 흰색 소나타를 운전하고 있었다. 내가 가야 할 곳은 백두산이었다. 창문을 열고 시속 30km쯤으로 편안하게 달리고 있었다. 산으로 올라가는 차들이 드문드문 있었는데 내려오는 차는 한 대도 보이지 않아 조금 이상했다. 그렇지만 마음은 편안하고 아주 황홀하기까지 했다.

파아란 하늘 끝자락에 높다란 백두산 봉우리가 보였다. 그때였다. 바로 눈앞에 아버지가 말씀하신 큰 소나무 한 그루가 나타났다. 순간 아버지 말씀이 떠올랐다. 불현듯 핸들을 왼쪽으로 확 꺾었다. 소나무 옆길로 들어서자 더 이상 길이 없는 낭떠러지였다. 어쩔 수 없이 차를 세우고 내렸다.

그런데 갑자기 목이 타들어갔다. 물이 너무 먹고 싶었다. 엎드린 자세로 아래를 내려다보니 나이아가라 같은 큰 폭포가 보였다. 어떤 남자가 거기에 서 있었다. "아저씨, 물 좀 주세요. 목이 말라 죽겠어요" 하고 소리소리 질렀다. 그 남자가 휙 돌아보더니 페트병에 물을 담아 위로 던져 주었다. 나는 용케도 그 물을 받아 벌컥벌컥 단숨에 마셨다. 그리고는 눈을 번쩍 떴다. 꿈이었다.

나는 반듯하게 누워 있었고 내 눈앞엔 불길이 활활 번지고 있었다. 연기는 벌써 내 얼굴 위에까지 차 있었다. "불이야" 소리치며 옆에 누워 있는 엄마를 깨웠다.

엄마는 콜록콜록 기침을 했다. 다급한 순간이었다. 우리는 엉금엉금 기어서 겨우 현관문을 열고 나왔다. 그리고 정신을 잃었다. 아파트 복도에 쓰러진 우리에게 누군가 동치미 국물을 먹인 것 같다. 얼마 후, 사이렌이 울리고 소방차가 왔다.

그날, 엄마는 곰국을 끓이려고 큰 솥을 가스불에 올려놓았다. 한 번 슬쩍 끓이고 불을 꺼야겠다고 생각했는데 그만 잠이 들어 버린 것이다. 그 곰국 솥이 숯이 되고 불은 싱크대를 거쳐 천장으로 번졌다. 도시가스의 화력은 무서웠다. 하마터면 불에 타죽을 목숨이었다.

어찌 그냥 꿈이라고 할 수 있을까. 아버지가 살려내신 것이다. 살아서도 죽어서도 아버지는 항상 나를 지켜 주신다는 것을 알게 되었다. 나는 지금 아버지 덕분에 덤으로 세상을 살고 있다. 다시금 감사드린다. "아버지, 정말 고맙습니다."

살아 계신 아버지 2

막걸리 한 병 들고 아버지 산소에 갔다. 금릉묘원으로 이장한 지도 벌써 십 년이 넘었다. 아버지 묘비석에는 내 이름과 저기요가 낳은 아들 둘의 이름이 나란히 새겨져 있다. 아버지 옆자리는 엄마 자리로 비워두었고 한 칸 밑에는 저기요가 묻힐 자리를 잡아두었다.

술 좋아하시는 아버지께 막걸리 한잔 가득 담아 올렸다. 돗자리를 깔고 앉아 있으니 아카시아 향기가 어린 시절로 나를 데려간다. 그때는 막걸리를 담아서 파는 집이 있었다. 나는 아버지 심부름으로 양은 주전자에 종종 막걸리를 사왔다.

가득 찬 주전자를 아무리 조심스럽게 들고 와도 골목길을 돌아설 때마다 주전자 주둥이로 막걸리가 흘렀다. 아까워서 한 모금, 무슨 맛일까 궁금해서 한 모금, 텁텁한 맛이 아리송해 또 한 모금을 마셨다. 내가 막걸리 맛을 알게 된 것은 순전히 아버지 때문이다. 지금도 비 오는 날이면 좋은 사람들과 질펀하게 앉아 파전에 막걸리 한 번 실컷 먹고 싶은 꿈을 꾼다.

이곳으로 이장한 것도 아버지의 현몽 덕분이다.

그날은 아버지 산소를 이장하라는 통보를 받은 날이었다. 그렇지 않아도 산소의 토질이 마사토인데다 터가 반반하지 않아 신경이 쓰이곤 했었다. 마침, 내가 운영하던 유치원 농장에 양지바른 땅이 있어 그곳에 모시면 좋겠다고 엄마와 얘기하고 잠을 잤다.

정말 이상한 꿈이었다. 꿈속에서 벌써 아버지의 산소를 이장하고 있었다. 네 명의 남자들이 땅을 파고 아버지의 관을 묻었다. 그리고 삽으로 흙을 덮으려 할 때였다. 갑자기 묘터에서 축구공 같은 것이 '퉁' 하고 튕겨져 올랐다. 마치 스프링 위에 공을 올려놓은 것처럼 높이 튕겨져 잔디밭으로 떼그르르 굴렀다.

무슨 의미일까. 꿈을 깨고 생각해보니 아버지 영혼이 이곳에 들어가기 싫다는 뜻으로 여겨졌다. 아버지는 살아계시고 나와 소통하고 있다는 생각이 들었다. 그 꿈 이후에 금릉묘원으로 모시게 되었다.

공원이 넓고 툭 트인 산세도 좋아 동생들도 오기 편하니 잘한 것 같다.

특히, 두 분 어머니 자리도 미리 잡아두었으니 마음이 편하다. 오늘 같은 어버이날에 잠시 소풍 삼아 다녀올 곳이 생겼으니 큰 위안이 된다.

아버지가 돌아가신 날도 임종을 보지는 못했지만 내 곁에 오셨던 것 같다. 그날은 불교학생회에서 통영에 있는 절에 다녀오는 길이었다. 돌아오는 배 안에서 갑자기 아버지 생각이 나서 울컥했다. 아버지가 보고 싶고 뭔가 서러운 마음이 들어서 이유도 없이 바다를 보며 울었다. 파도 속에 일렁일렁 아버지가 보이는 것 같았다. 집에 도착하니 아버지가 돌아가셨다는 전보가 와 있었다. 부산에서 속초까지 기차와 버스를 번갈아 타고 하루 종일 가야 했다.

아버지는 병풍 뒤에 편안히 누워 계셨다. "아버지, 아버지" 하며 손을 잡고 울었다. "어찌 영희 얼굴 한번 안 보고 그냥 가세요" 하고 펑펑 울었다. 아직 관 뚜껑을 덮기 전이라 병풍 뒤에서 아버지와 함께 하룻밤을 지냈다. 그냥 미소 짓고 계신 것 같기도 하고 단잠에 드신 것 같기도 했다.

내 귀엔 아버지 심장 뛰는 소리가 들리는 것 같은데 왜 돌아가셨다는 건지 도무지 믿기지 않았다. 아버지가 살아 계시는데 왜 관 뚜껑을 덮고 못을 박느냐고 펄펄 뛰며 울부짖었다.

지금도 나는 아버지가 그립다. 그토록 좋아하신 딸에게 "영희야" 하고 이름 한 번 불러주지 않고 떠나신 것이 내내 서운했다.

가난한 내 어머니 1

나는 굳이 시어머니라고 말하고 싶지 않다. 결혼해서 만난 어머니이니 두 번째 어머니라고 하면 어떨까. 솔직히 내 눈엔 어머니가 귀엽다. 얼굴은 그냥 마음대로 생기셨다. 뭉툭한 코에 짙은 검버섯, 축 처진 눈, 뽀글뽀글 파마머리에 뚱뚱한 허리, 그런 분이다.

어머니를 만난 지도 벌써 20년이 지났나. 생각할수록 손톱 밑이 아리다. 내가 남편하고 떨어져 살고 있으니 어머니 마음이 오죽 아플까. 그래도 어머니와 나의 만남은 여전하고 서로 아끼는 마음 또한 애틋하다.

친구는 '그게 말이 되느냐'고 하지만 '왜 말이 안 되는 건지' 모르겠다. 어머니는 어머니고 남편은 남편이지 않나.

결혼하기 전에 시댁에 인사를 가고 싶었다. 남편 될 사람은 이상하게 계속 미루고 밖에서 만나자고 했다. 미심쩍기도 했지만 어차피 사람 하나 보고 결정했기에 그게 뭐 대수일까 했다.

마흔둘이라는 나이가 있어 이것저것 따지기도 힘들었다. 신혼여행을 마치고 처음 시댁에 갔다. 시장통 좁은 길로 한참 들어가니 녹슨 철 대문이 나왔다. 머리를 숙이고 대문 안으로 들어서는데 빨랫줄에 하마터면 목이 걸릴 뻔했다. 어머니는 마루에 걸터앉아 계시다가 일어나서 반겨주셨다.

하룻밤을 자야 하는데 방은 두 칸뿐이었다. 작은방은 두 다리가 의족인 시아주버님이 사용하고 있었다. 어머니 방은 혼자 누우면 딱 맞는 크기였다. 새댁인 나는 어떻게 해야 할지 몰라 안절부절못했다. 시댁에서 처음 잠을 잔 그날이 잊히지 않는다. 어머니가 장롱 옆에 누우시고, 내가 가운데, 그 옆에 남편이 누웠다. 몸과 몸이 닿을 수밖에 없는 작은 공간이었는데 어머니는 밤새 코를 고셨다. 그날 밤은 참으로 길었다.

아이가 태어나자 어머니는 우리 집으로 오셨다. 눈만 뜨면 출근하기 바빴던 탓에 아이는 전적으로 어머니가 키우셨다. 마흔 넘은 막내아들이 손자를 안겨주었다고 무척이나 기뻐하셨다.

한 번은 퇴근해서 돌아오는데

"야야, 오늘 아기가 불가사리를 먹었다" 하신다.

"예? 불가사리를요?"

"아이구, 엄청 잘 먹더라, 두 개나 먹었다."

"어디서 났어요? 어머니."

"냉장고에 있다. 함 봐라" 하시기에 놀란 가슴으로 열어보았다. 불가리스였다.

어머니는 자기 이름도 못 쓰지만 불편해하지 않으신다. 시내버스 탈 때도 "기사님요, 어디로 가능교?" 하고 물어서 타신다. 전화번호는 단축번호가 있으니 누르면 된다. 매사에 어려운 것도 쉽게 생각하고 사신다.

이런 일도 있었다. 어머니 생신 때였다. 나는 대구역으로 기차를 타고 갔고 어머니는 시내버스를 타고 나오셨다. 그날은 원피스를 입고 뾰족구두를 신고 갔다. 백화점 지하에 내려가 점심도 먹고 아이쇼핑도 할 생각이었다. 역 대합실에서 만난 어머니 손엔 30개짜리 계란 한 판이 들려 있었다. 빨간 노끈으로 두 번 묶은 상태였다.

"어머니, 이게 뭡니까?"

"이거 가꼬가서 우리 손자 해멕이라."

"아유 근데……"

"와 카노, 요래 들고 가면 되제" 하신다.

그 계란 한 판을 내내 들고 백화점을 다녔고 집으로 오는 기차 안에서도 안고 왔다. 집에 잘 도착했노라고 전화를 드리면서 다음에는 아무것도 들고 나오지 마시라고 신신당부를 했다.

"어제 안마기 파는데 갔는데 공짜로 주더라, 맛있게 먹으라." 하신다. 무어라 할 말이 없다.

사실, 지금에야 털어놓지만 지난번에 받은 양파망은 지하도 식당 앞에 살짝 놓고 왔었다. 마냥 주고 싶은 어머니 마음은 알겠는데 난감한 것도 사실이다. 어머니는 귀한 햇양파라고 안겨주셨지만, 무겁기도 하고 기차 타고 오는데 민망해서였다.

어머니는 아이처럼 순수한 마음을 갖고 계신다. 타고난 천성이 너그러워 성내는 일은 한 번도 본 적이 없다.

"어머니, 어떻게 할까요?" 하면 "너거 좋은 대로 해라" 하시고 "어머니 뭐 드시고 싶으세요?" 해도 "너거 먹고 싶은 거 먹자" 하신다.

몇 번을 물어도 그게 전부다. 이렇다 저렇다 자기 뜻을 세우지 않으신다. 누가 무슨 말을 해도 말을 옮기지 않고 가만히 듣고만 계신다. 그게 나쁜 말이든 좋은 말이든, 가슴속 큰 항아리에 그냥 담아놓고 말이 없으시다. 친정엄마처럼 무얼 더 갖고 싶다고 욕심을 내거나, 분해서 파르르 떨지도 않는다. 그냥 오늘 먹을 것 있으면 됐고, 연속극 보다가 재미있으면 하하하 웃으면 된다.

걱정도 없고 속상해하지도 않으신다. 아등바등 애쓰지 않고 편하게 사신다. 어머니의 이런 점은 나도 닮고 싶다.

    책을 많이 본 사람보다도, 돈을 많이 가진 사람보다도, 높은 명예를 가진 사람보다도 훨씬 더 편하게 사신다. 어머니는 절대로 가난한 게 아니다. 한 세상 그저 마음 편하게, 둥글둥글 살아가면 되는 것이다.

가난한 내 어머니 2

아버지 살아 계실 땐 원수였지만 이제 두 사람은 서로 의지하며 잘 지낸다. 엄마는 저기요가 친동생보다 낫다 하시고, 저기요도 엄마를 친언니처럼 생각한다. 나는 사실, 우리 엄마가 잘해준 건 하나도 없다고 생각한다. 그런데도 속없는 저기요는 한 달에 두 번 시장을 봐온다.

돼지고기, 고등어, 우유를 사와서 "언니, 오래 두지 말고 먹어요." 하며 냉장고를 채운다. "제발 좀 그러지 마라. 왜 그렇게 힘들게 벌어서 또 사오냐" 해도 들은 척을 안 한다.

우리가 이 동네로 모인 것은 내가 결혼한 이후이니 이십 년이 되었다. 먼저, 혼자 살던 엄마가 내 옆으로 오셨다. 큰동생은 직장을 따라 왔고, 저기요도 아들을 따라오게 되었다. 아버지가 뿌린 씨앗 덕분에 아들 집에서 제사도 지내고 친손주도 보았으니 대가 이어진 것은 맞다.

문제는 저기요다. 애당초 아버지를 안 만났으면 좋았을 텐데 평생 뼈가 다 삭도록 고생을 한다. 스무 살에 아이를 낳고 칠십

이 넘은 지금도 남의 식당에서 설거지를 하고 있으니 삶이 너무 팍팍하다. 허리 디스크, 손가락 관절염, 위장병, 어디 성한 곳 하나 없는데도 쉬질 않는다. 자기는 먹지도 입지도 않으면서 그저 남만 챙긴다. 입고 다니는 옷도 모두 내가 입던 옷이고, 운동화도 내가 신던 것을 아깝다고 신는다.

"자식들 아끼는 마음은 알겠는데 자기 몸 좀 돌보라" 해도 "그런 말 하지 말라"고 손사래를 친다. 다른 집 자식들처럼 잘 해주지 못해서 미안하다고 가끔 소리도 없는 눈물을 흘릴 때가 있다. 벌어먹고 살기 바빠서 자식들에게 밥 한 번 제대로 차려주지 못해 한이 된다고 가슴 아파한다. 그저 죽기 전까지 한푼 두푼 모아서 자식들 챙겨주고 며느리 아끼는 게 본인의 일이라 생각한다.

가끔, 맛있는 거 먹으러 가자 해도 "괜찮다, 식당 밥은 싫다"며 사양한다. 돈 쓰는 게 아까워서 식당에도 가지 않는다. 가족여행 한 번 가자고 했더니, TV로 보면 다 나오는 걸 뭣 하러 가냐고 하는데 할 말이 없었다.

자식 위하는 것은 그렇다 치고, 버스비도 아까워서 걸어 다니면서 엄마는 왜 그렇게 챙기는지 모르겠다. 지난주 엄마 생신 때는 쇠고기 미역국을 끓이고 찰밥을 해왔다. 우리 아이 생일 때도 꼬박꼬박 용돈을 쥐여 준다. 세상에 이런 사람이 또 어디 있을까 싶다. "나보다 더 불쌍한 사람들이 많은데 나는 참 행복하다." 하고 말하는 그런 사람이다.

　아버지는 이런 저기요를 두고 어찌 그리 바쁘게 떠나셨을까. 저기요를 보면 학교 앞에 팔던 노랑 병아리가 생각난다. 여덟 살 많은 엄마라지만 때론 내 동생 같아 명치 끝이 아리다.

　한 시절 손잡고 가는 우리는 피보다 진한 사이이다. 이번 주말엔 저기요 집에 가서 놀다가 와야겠다. 사는 일이 고달픈 날에는 저기요가 타주는 믹스커피가 최고의 청량제니까.

가난한 내 어머니 3

　내 안의 한 아이가 울고 있다. 겉은 멀쩡한데 목 안에 가시가 걸려 있고 심장에 유리 조각이 깊이 박혀 있다. 누가 봐도 웃는 얼굴인데 명치끝에는 옹이가, 가슴팍엔 피멍이 맺혀 있다. 육십 년이 넘도록 덮어둔 내 속을 가만히 들여다보니 찢겨지고 갈라진 자국과 쓰라린 흉터투성이다.

　'내 어머니'라는 제목의 늪 앞에서 한 발짝도 걸어 나오지 못하고 있다. 글이란 것이 솔직하게 자신을 드러내지 않고는 쓸 수 없는 법인데 어쩌면 좋을까. 이중인격자가 되어 어머니를 예찬할 것인가. 아니면 내 마음속을 뒤집어 솔직히 쓸 것인가. 며칠째 펜을 들었다 놓았다, 앉았다 섰다 안절부절못하고 있다. 맨발로 뻘에 빠진 것 같고 세면기가 막혀버린 듯 답답한 기분이다.

　'어머니'라고 하면 대부분 그립다고 말할 것이고 숭고한 희생 앞에 고개를 떨구겠지. 그러나 나는 어머니를 생각하면 수면 아래 가라앉았던 찌꺼기가 확 올라온다.

나를 위한 엄마였을까. 엄마를 위한 나였을까. 나는 엄마의 인형이었다. 엄마는 철저히 자기중심적인 그런 사람이었다. 어린 시절 동네 사람들은 나를 '효녀 심청'이라고 불렀고, 그 말 때문에 더더욱 속을 드러내지 못하고 살아왔던 것 같다. 사춘기 때 죽을 만큼 힘들 때도 반항하지 못하고 대들지도 못했다.

엄마에 대해 좋은 기억을 찾으려 해도 특별한 게 생각나질 않는다. 아마 아홉 살 때였을 것이다. 사람들이 놀린다고 '영도 다리 밑에서 주워왔다.'고 한 적이 있었다. 그 어린 나이에도 그 말이 진짜 같아서 이모님께 확인한 적이 있다. 이것저것 조합해보니 나를 낳아준 게 맞긴 맞는 것 같았다.

엄마와 나 사이에는 늘 둘만 존재했다. 아버지 일찍 돌아가시고 무남독녀이니 그럴 수밖에 없었다. 나는 엄마를 태운 말이었다. 그냥 죽도록 달려야 했다.

유치원 원장을 할 때였는데 한번은 몸살이 심해서 일어나질 못하고 식은땀을 흘리고 있었다. 그때 엄마는 "젊은 애가 왜 그러냐, 어서 출근해라." 하며 내몰아치는 냉정한 분이셨다.

그동안 나도 몰랐다. 마음이 상할 때가 많았지만 다 잊은 줄 알았다. 아니, 다 삭히고 사는 줄 알았다. 그런데 글을 쓰면서 보니 그게 아니었다. 남들 앞에서는 꺼내지도 못하고 꼬깃꼬깃 혼자 넣어둔 것이었다. 내가 이중인격자인지, 다들 나와 같이 상처를 안고 사는지는 모르겠다.

사실, 지금도 "그래, 엄마가 살아봤자 얼마나 사시겠어." 하며 의무감을 다한다. 그 누구도 눈치채지 못할 정도로 착한 딸 노릇을 한다. 솔직히 돌아가시기 전에 왜 그랬냐고 따지고 묻고 싶은 마음도 있다. 그러나 그것도 힘들 것이다. 늙고 병든 엄마한테 그런다고 무엇이 해결되겠는가.

그저 내 안의 한 아이가 울고 있는 것이 안타깝다. 엄마는 겉만 화려했지 속은 텅 빈 가난한 사람이다. 그것을 아는 내가 한 번 더 참아야지 어쩌겠는가.

카네이션 세 송이

오늘은 어버이날이다.

자식은 그냥 크는 줄 알았는데 어미의 애간장을 끓인 만큼 자란다는 걸 아이를 길러보고 알게 되었다. 내게는 세 분 어머니가 계신다.

송강 정철은 '어버이 살아계실 때 섬김을 다 하여라, 지나간 후에 애닯다 어찌하리' 했는데, 어머니들 연세가 점점 많아지니 올해가 마지막이 될 수도 있다는 두려움이 앞선다.

어제는 문구사에 들렀다. 예쁜 꽃봉투를 고르고 카네이션 만들 색종이도 샀다. 세 개의 봉투에 똑같이 용돈을 넣고 겉봉투에 이렇게 썼다. 두 분 어머니께는 '어머니 건강하세요.'라 쓰고 저기요의 봉투엔 '어머니 사랑합니다.'라고 썼다.

가슴에 달아드릴 세 송이 꽃도 완성되었다. 한 송이는 나를 낳아주신 어머니 것이고, 또 한 송이는 시집와서 만난 어머니 것이고, 다른 한 송이는 내 동생 둘을 낳아준 저기요의 꽃이다. 우리 엄마 89세, 시어머니 88세, 저기요가 71세, 거기에다 내 나이 63세를 더하니 우리의 나이는 311세나 된다.

점심 식사는 작년에 맛있게 드셨던 오리고기 집으로 정했다. 모처럼 만난 어머니들은 "사돈, 오랜만입니더." 하며 손을 잡고 반가워하셨다. 어머니 지팡이 두 개, 시어머니 지팡이 한 개, 총 세 개의 지팡이를 넘어지지 않게 한쪽에 세워두었다.

가슴에 꽃을 단 어머니들은 사이다에 소주를 약간 섞어서 기분 좋게 건배를 했다. 휠체어에 앉은 엄마는 지팡이 하나 짚는 시어머니 다리를 부러워한다. 검버섯 많은 시어머니는 엄마 얼굴이 깨끗하다고 듣기 좋은 말을 했다. 어머니들은 "맨날 오늘 같이 어버이날이면 좋겠다." 하시며 한바탕 웃었다. 식사를 마치고 자판기 커피도 드셨는데 그냥 헤어지려니 섭섭했다.

"우리 직지사로 드라이브 갈까요" 했더니 다들 좋아하신다. 자동차에 휠체어를 싣고 어머니 세 분이 비좁게 앉았다. 직지사로 가는 길엔 아카시아 꽃향기가 흩날렸다. 날씨가 좋아 사람들도 많이 모여 있었다.

사명대사공원으로 갔다. 마침 건강문화원 라벤더 족욕탕이 비어있어 보랏빛 라벤더탕에 여덟 개의 발을 담갔다. 따끈한 물이 어머니들의 발을 어루만진다. 평생 걸어온 인생의 궤적이 저 발에 묻어 있다.

바람은 부드러웠고 5월의 하늘은 밝고 푸르렀다. 이마에 살짝 밴 땀을 닦으며 어머니들은 이팝꽃처럼 하얗게 웃었다. 말하지 않아도 우리는 서로를 안다. 마음이 따스해지는 이 시간을 조금이라도 더 붙잡고 싶었다. 땀을 흘렸으니 시원한 차 한잔하자며 찻집으로 자리를 옮겼다.

키 큰 은행나무 아래 새소리, 물소리를 들으며 바깥 테이블에 앉았다. 대추차 셋에 아이스 아메리카노 한 잔을 시키고 기념사진을 찍었다. 싱그러운 바람결에 어머니들의 흰머리가 살랑거렸다. 차 한잔 놓고 나눈 얘기는 건강하게 오래 살자는 얘기가 대부분이었다. 무얼 먹으면 몸에 좋고 어느 병원이 침을 잘 놓더라는 그런 이야기들이었다.

오늘은 부처님 오시는 날이라 그런지 오가는 사람들이 참 많았다. 연등을 비껴온 햇살이 심장에 포근하게 내려앉는다. 내년에도 또 다음 해에도 이 시간이 계속되길 바란다.

어머니, 시어머니, 그리고 또 한 분의 어머니, 당신들의 날을 진심으로 축하드립니다.

어미 마음

새벽 5시에 휴대폰이 울린다.

"야야, 일어났나?" 힘없는 엄마 목소리다.

"엄마, 무슨 일 있어?"

"내가 그만 화장실에 주저앉았다."

"뭐라고요?"

"아무리 혼자 일어서려 해도 다리가 말을 안 들어서."

십 분 거리를 정신없이 달려가 화장실 문을 열었다. 엄마는 변기통을 끌어안고 엎드려 계셨다.

"엄마, 괜찮아?"

"야야, 너 좀 더 자라고 시계만 봤다."

"그래도 이 추운 겨울에 이러면 안 되지."

무릎 수술을 해도 잘 펴지지 않는 다리를 간신히 일으켜 세워

방으로 들어왔다. 이불을 덮어드리며 "빨리 전화하지 왜 그랬어요." 하고 물었다.

"네가 출근할 사람인데 잠 깰까 봐" 하신다. 그때가 새벽 3시였단다.

엄마는 나를 조금이라도 더 자도록 두 시간 동안 차가운 화장실 바닥에 앉아 계셨다. 구순 노모의 절절한 사랑 앞에 코끝이 찡해온다. 엄마는 아직도 나를 포대기에 싸서 업고 "자장자장 우리 아가" 하며 재우고 있었던 것이다.

어제는 오랜만에 저기요 집에 들렀다. 전화하고 가면 또 오지 말라 할까 봐 무작정 벨을 눌렀다. 집 안에서 목소리는 들리는데 한참 동안 문을 열지 않길래 목욕하시나 생각했다. 그런데 이 일을 어쩌나. 저기요가 앉아서 엉덩이를 밀고 나온다. 오른쪽 무릎은 십자 인대가 파열되어 수술했다 하고, 왼쪽 발목은 복숭아뼈 골절이라 반깁스를 하고 있었다. 세상에, 어쩌다가 그랬냐고 속상해서 다그쳤다. 병원 갈 때 왜 연락 안 했냐고 서운하다고 했다.

저기요는 고개를 저으며 "혼자 아프면 되지, 왜 걱정하게 하냐." 한다. 그리고 내 손을 잡으며 서울 아들과 며느리에게는 절대 말하지 말라고 당부를 한다.

지난주에 아들이 작은할머니 보겠다고 전화했을 때 "우리 집에 누가 와 있으니 다음에 온나" 했다. 내가 전화했을 때도 "날이 더우니 시원할 때 만나자" 했다. 몸도 제대로 못 가누면서 도대체 왜 이러는 걸까. 평생 여행 한 번 못 가고 좋은 옷에 좋은 음식 한 번 못 먹고, 오직 자식만 생각하는 어미의 사랑이 처절하다.

여덟 평 영구 임대 아파트에 세워 놓은 목발과 약봉지들을 보며 그만 가슴이 미어졌다. 50kg이었던 몸무게가 41kg으로 줄어 팔과 다리의 굵기가 같아졌다. 화장실도 겨우 가면서 괜찮다, 괜찮다 하니 억장이 무너져 내린다.

나도 마흔넷에 아이를 낳았으니 어미 마음은 안다. 늦게 낳아서 미안하고, 하나밖에 못 낳아서 미안하고, 그저 자식한테는 미안하기만 하다.

지금 내 곁엔 세 분의 어머니가 계신다. 친정어머니. 시어머니. 작은어머니. 그래서 나는 엄마 부자다. 아낌없이 다 내주고도 더 못 주어 안달하시는 분들이다.

"야야, 이거 좀 먹어 봐라." "야야, 차 조심해라."

이런 말씀을 언제까지 들을 수 있을까. 돌아가시고 나서 후회하지 않도록 살아 계실 때 내 마음을 모두 전하려 한다.

내 아이의 고향

엄마 발톱을 깎아드렸다.

일 년밖에 못 사신다던 엄마가 올해 여든 아홉이다. 30년 전에 자궁암 말기 선고를 받았지만 지금까지도 건강하시다. 의사의 오진이었는지, 엄마의 강한 의지 때문인지 잘 모르겠다.

발에는 그 사람이 걸어온 길이 새겨져 있어 손과는 또 다른 느낌이 있다. 세월의 더께가 덕지덕지 묻은 두꺼운 발톱을 보니 눈시울이 저려온다. 나도 어느새 돋보기를 끼고 발톱에 눈을 바짝 붙이는 나이가 되었다.

뉴스를 보고 있던 엄마가 TV를 끄며 나지막이 내 이름을 부른다.

"영희야, 날 따시면 고향에 한 번 가고 싶다."

엄마의 고향은 경남 산청이다.

"아유, 걷지도 못하는데 어떻게 가요."

"그래도 너거 외할매 산소에 가고 싶다."

"안 돼요, 산소까지 휠체어로 못 올라가요."

엄마 마음이야 알겠지만 안전을 핑계로 안 된다고 했다.

뾰족구두를 신고 꽃무늬 원피스를 입던 엄마였다. 아들을 낳기 위해 매일 아침 정화수를 떠 놓으시던 새댁이었다. 내 긴 머리를 두 갈래로 예쁘게 땋아주던 엄마가 이제 허물어져 가는 목조 계단처럼 위태롭다.

처음엔 자존심 상한다고 우산을 짚으시더니 이제는 양손에 지팡이를 짚고도 다리가 맥없이 흔들린다.

방문을 닫고 나오는데 '엄마가 돌아가시면 나는 어쩌나' 하는 생각에 가슴이 덜컹 내려앉는다. 연어의 고향 방문이 목숨을 건 귀소본능인 것처럼 엄마도 태어난 곳을 찾아가고 싶은 마음일까.

연어는 자신이 태어난 강뿐만 아니라 부화된 장소까지도 정확하게 기억한다고 한다. 그 넓은 대양을 헤엄쳐 다니다가 죽을 힘을 다해 폭포를 거슬러 고향으로 돌아온다.

고향은 모든 이의 마음속에 깊이 새겨진 영혼의 안식처다. 고향이 그리운 것은 그곳에 자기를 낳아준 어미가 있기 때문이다.

모두 다 떠나버린 텅 빈 고향이지만 엄마를 모시고 외할머니 산소에 다녀와야 할까 보다.

엄마가 나를 낳은 곳은 부산 태종대 바다가 보이는 곳이다. 문득 어린 시절이 떠오른다.

바짝 마른 아이가 문설주에 기대어 키를 재고 있다. 등굣길에 작은 집 앞에서 친구 이름을 부르고 있다. 하늘과 맞닿은 바다는 자갈돌에 부딪히며 하얗게 밀려왔다가 발끝에서 쏴~아 부서진다.

브로크 벽돌에 턱을 괴고 하염없이 밤바다와 이야기한다. 오륙도 등대는 깜빡깜빡 수신호를 보내고 파도 소리는 온몸을 적셔준다.

아무리 나이가 들어도 자식은 부모 앞에서 어린아이 같은 존재가 된다. 환갑이 지났지만 나는 엄마 파전이 제일 맛있다고 엄마를 주방에 서게 한다. 엄마는 다리가 저리고 아프면서도 쪽파를 다듬고 기름을 둘러 파전을 구워주신다. 기쁠 때나 슬플 때나 오직 내 편은 엄마밖에 없다. 엄마의 고향은 외할머니고, 나의 고향은 엄마이니 어쩔 수 없지 않은가.

마침, 아들이 내게 전화를 했다.

"엄마."

"응, 우리 아들." 볼륨을 높인다.

"뭐해요?"

"할머니 집에서 파전 먹고 있지."

"맛있겠다. 나도 먹고 싶다."

"그래, 주말에 내려올 수 있니?"

"당근, 엄마 보러 가야지."

그렇구나. 너의 고향은 바로 나였구나.

아들아. 사랑한다. 어서 오렴.

길

소금은 무서워요
햇빛도 두렵고요

어차피 가야 할 길
멈출 수는 없잖아요

달팽이
등짐을 지고
기찻길을 넘는다

2장
붉고 붉게 피어나서

마흔네 살 차이

내 몸에서 사람이 태어났다. 사람을 낳는다는 것은 신비하고 경이롭다. 누가 내게 '지금까지 살면서 언제 가장 행복했냐'고 묻는다면 아이를 가졌을 때라고 말할 것이다.

아이는 내 인생의 가장 큰 작품이다. 아이가 뱃속에 있던 열 달 동안 일부러 배를 더 내밀고 다녔던 것 같다. 엄마가 된다는 것이 자랑스러웠고 여자라는 사실에 감사했다. 아기를 업고 다닐 때는 세상을 다 얻은 것처럼 행복했다. 다만, 마흔둘에 결혼해서 마흔넷에 아들을 낳았으니 할머니로 보일까 봐 신경이 쓰였다.

늦깎이 엄마의 육아는 녹록지 않았다. 머리로는 알고 있었지만 실제는 많이 달랐다. 그동안 혼자 사는 일에 익숙했는데 갑자기 다섯 명이 한집에 살게 되니 숨 쉴 곳이 없었다. 친정 엄마는 천금 같은 외손자를 키우러 오셨고, 시어머니는 귀한 친손자를 돌봐주러 오셨다. 출산하는 날부터 아이가 초등학교 2학년 때까지 그렇게 같이 살았다.

좋은 엄마 되기는 쉽지 않았다. 나이가 들었지만 육아에는 왕초보였다. 낮에는 할머니들이 아이를 돌보았으니 밤에는 나에게 아이를 안겨주었다. 그런데 아이는 엄마와 놀고 싶어 잠을 자지 않았다. 워킹맘의 고충이 이만저만이 아니었다. 여자는 약해도 엄마는 강하다는 말처럼 아이 앞에서 인내하고 가슴 졸이며 엄마다움을 배웠다. 엄마가 아이를 키우는 줄 알았는데 아이가 엄마를 키우고 있었다.

올해 아들의 주민등록증이 나왔다. 얼마 안 있으면 군대도 갈 것이다. 너무 빨리 자란 것 같아 붙잡아두고 싶기도 하다. 이제는 한 시름 내려놓을 수 있을 것 같다. 나보다 마흔네 살 적은 아들이 성인이 되었으니 든든하고 믿음직스럽다. 조금 전에 통화하면서 "엄마의 아들로 와 줘서 고맙다"고 했더니 "엄마의 아들이라 감사하다"고 한다.

인구 절벽 시대이다. 비혼주의에다 비출산까지 늘어나는 추세다. 결혼이 개인의 자유를 제한하기도 하고, 가족이 생기면 책임져야 할 일도 많아서 젊은이들이 부담을 느끼는 것 같다. 특히 여성들은 집안일, 직장 일, 시댁 일에 이어 육아 스트레스에도 발목이 잡힌다.

남성들 또한 누군가에게 간섭받는 게 싫고 어깨가 무거워지는 것도 싫어 혼자 살려는 사람이 늘어나고 있다. 혼자 사는 사람들은 자유로운 반면, 노후에 불안정한 삶을 살 가능성이 높다고 한다. 한 번뿐인 인생, 각자가 원하는 대로 사는 것이 맞다. 하지만 나이가 들어 외로움과 우울장애를 훨씬 더 겪게 된다고 하니 그게 문제다.

지구상의 70억 인구 중에 똑같은 사람은 하나도 없다. 삶은 각자의 선택이지만 나는 나의 선택에 만족한다. 아이가 없었다면 무슨 재미로 살았을까.

부부의 날

　오늘은 우리나라가 세계 최초로 제정한 부부의 날이다. 평등하고 민주적인 부부 문화를 만들기 위해 2007년에 법정기념일이 되었다. 가정의 달 5월에 두 사람이 만나 하나가 된다는 뜻으로 21일로 정했다고 한다.

　부부란 하늘이 맺어준 천생연분이다. 서로 남남인 70억 인구 가운데 한 사람을 선택하여 백년가약을 맺는다. 운명처럼 만나 아내와 남편이란 이름으로 일심동체가 된다.

　나도 결혼식 날 많은 사람들 앞에서 혼인서약을 했다. 삶이 다하는 날까지 어떠한 경우라도 서로 사랑하고 존중하겠노라 굳게 맹세하였다.

　신혼 땐 눈에 콩깍지가 씌어 모든 게 사랑스럽고 살갑게 느껴진다. 하지만 시간이 지나면서 여러 가지 갈등을 겪게 된다. 두 사람은 자라온 환경이 다르고, 성격도 다르고, 생활습관이며 취향도 다르다. 사소한 것에서 오해가 생기고 섭섭한 마음이 들고 믿음에 금이 가기도 한다.

부부의 날이 법정기념일로까지 정해진 이유는 결혼식 날의 첫 마음을 잊지 말고 건강한 가정을 지키라는 뜻 같다.

부부라는 낱말은 같은 글자 두 개가 나란히 서 있다. 글자처럼 평등할 때 행복한 가정이 된다. 부부 사랑은 한 번 심었다고 피는 꽃이 아니다. 부지런히 물을 주고 거름을 주며 햇볕과 사랑으로 가꾸는 정원이다.

나는 사실 평생 혼자 살려고 했었다.

스물여섯에 첫사랑과 헤어진 후 다른 남자는 절대 만나지 않겠노라 다짐했다. 한 남자로 족했고 오직 그 사람만 가슴에 안고 가리라 생각했다. 세월이 흘러 언젠가 우연히 만나게 되더라도 초라한 내 모습을 보이기 싫었다. 내가 아니라 그 사람이 마음 아파할까 봐 나름대로 열심히 살았다.

마흔두 살 때였다.

엄마랑 둘이 등을 기대고 살았는데 여장부 같은 엄마가 덜컥 자궁암 말기 선고를 받았다. 의사는 수술해도 1년, 안 해도 1년이라 했다.

나는 수술실 앞에서 하염없이 울었다. 무엇보다 혼자 남는다는 것이 제일 무서웠다.

엄마는 당신 죽는 것보다 아비도 없고 형제도 없는 나를 달랑 혼자 놓고 가는 것을 걱정했다. 내게 결혼을 하라고 애원했다. 우여곡절 끝에 마흔두 살에 결혼을 했다. 나보다 두 살 어리고 교수님에다 총각이니 행운이었다. 친구들은 복도 참 많다고 부러워했다.

결혼 생활은 참 평화로웠다. 혼자 살 때는 흐트러지면 안 된다는 강박관념이 있었는데 이제 나를 지켜줄 내 편이 있다는 게 든든했다.

날마다 고마웠고 매사에 감사했다. 그래서 생각한 것이 남편에게 편지 쓰기였다. 아침에 함께 눈을 뜨면 행복하다고 쓰고, 등을 밀어줘서 고맙다고 쓰고, 죽는 날도 두 손을 꼭 잡고 같이 죽자고 썼다.

기쁠 때도 쓰고 아플 때도 썼다. 사랑한다고 쓰고, 눈이 온다고 쓰고, 꽃이 핀다고 썼다. 책 한 권이 300쪽 정도이니 1년 동안 쓴 편지가 책 한 권 분량이다. 봄이 몇 번 오고, 가을을 몇 번 스치는가 했는데 어느새 편지가 책 열두 권이 되었다. 생각하면 할수록 부족한 나의 짝이 되어준 그가 고맙다.

오늘은 부부의 날이다. 당신의 아내로서 다시 한 번 약속한다.

'나는 당신의 모든 것을 사랑합니다.'

'당신을 최고의 남편으로 모시겠습니다.'

가정은 행복을 만드는 공장이다.

돈도 명예도 자식도 좋지만 부부 이상은 없다. 어차피 무덤까지 손잡고 갈 우리 두 사람, 오늘 저녁엔 촛불을 켜놓고 와인잔을 기울이고 싶다. 아마도 남편은 장미를 들고 돌아올 것이다.

나쁜 인연은 없다

20년 전 일이다. 시댁의 집 판 돈, 1억을 받게 되었다. 갑자기 큰돈이 들어와 가슴이 부풀었다. 황금알을 꿈꾸며 땅을 사기로 했다. 며칠 뒤 남편은 아는 형님이 소개한 땅에 가보자고 했다. 위치는 가까웠지만 차가 들어갈 수 없는 땅이라 마음에 들지 않았다.

형님이라는 분은 정색을 하며 진입로가 곧 생기니 아무 걱정하지 말라고 했다. 그 말만 믿고 융자 5천만 원을 보태어 땅을 사게 되었다. 3년이 지나도록 도로는 넓혀지지 않았다. 세상 물정 모르는 남편이 미웠다. 그런데도 여전히 형님이라고 부르기에 나는 똥형이라고 비꼬았다.

어느 날 갑자기 남편이 직장을 그만두게 되었다. 한 번도 생각해보지 않은 일이라 눈앞이 캄캄했다. 그때, 그 똥형이 우리 집을 찾아왔다. 다른 대학에 교수 자리가 났으니 바로 오라는 것이다. 이게 무슨 일인가, 그렇게 고마울 수가 없었다. 똥형이 갑자기 은인이 되었다. 그 뒤로는 한 번도 똥형이라고 부르지 않았다.

　10년도 더 지난 이야기다. 우리 어린이집 앞에 김천시 실내 수영장이 있다. 국내외 각종 수영대회가 열리는 전국 최고의 국제공인 수영장이다. 가까이 수영장이 있어 어린이집 아이들을 데리고 수영 프로그램을 운영하기에 딱 좋았다.

　하루는 수영장에서 사회복지시설 회의가 있어 수영장 사무실에 가게 되었다. 그 자리엔 관련 공무원들과 각 시설에서 온 7~8명의 담당자가 앉아 있었다. 회의 안건은 장애인들의 수영장 이용을 자제해 달라는 내용이었다. 곧 전국 수영대회가 열린다고 협조를 요청하는 것이니 조금은 이해가 되었다. 그런데 말끝마다 남에게 피해를 주는 장애인, 잘 해줘도 고마운 줄 모르는 장애인, 이런 식의 말을 했다. 가슴에 가시가 턱턱 걸리는 것 같았다. 게다가 시설 설립자들은 장애인 앞세워 이익을 추구하는 사람들이라고 했다. 심장 박동수가 빨라지기 시작했다. 당장 일어나서 한마디 할까 하다가 일단 참기로 했다.

　간신히 회의를 마치고 나오는데 이건 아니다 싶어서 다시 사무실로 들어갔다. 평소에 잘 사용하지 않던 교육학 박사, 장애전문 어린이집 원장이라고 찍힌 명함을 건넸다. 최대한 어금니를 눌러가며 장애인 비하 발언에 대해 사과하라고 요구했다. 장애인들의 애로사항에 대해 항변하고, 시설 설립자와 사회복지시설 종사자들의 입장에 대해서도 설명했다. 계장님은 당황해하는 것 같았다. 아까와는 달리 문 앞까지 따라 나와 배웅을 해주었다.

다음 날이었다. 계장님과 수영장 직원 5명이 아이들 간식을 들고 오셨다. 어제의 표정과는 사뭇 다르게 봉사활동을 하고 싶다고 했다. 후원계좌를 알려달라고 하여 6명 전원이 CMS를 작성하고 갔다.

그 이후로도 종종 잡초를 뽑아주거나 전기를 고쳐주고 아이들과 함께 놀아주었다. 장애인과 사회복지에 대한 인식을 바꾸게 해줘서 고맙다고도 했다. 그 바람에 앞집, 뒷집 해가며 가까운 이웃으로 지내게 되었다. 지금도 그 인연으로 우리 어린이집 운영위원을 하고 계신다. 오랜 세월이 지나도록 변치 않는 고마운 분들이다.

사람들과 어울리다 보면 저 사람은 좋은 사람, 이 사람은 싫은 사람, 하며 마음속으로 구분할 때가 있다. 그것은 성급한 생각이다. 똥형이 은인으로 바뀐 것과 수영장 직원들이 후원자가 되는 것을 보면서 많은 것을 느꼈다.

모두 다 좋은 인연이 되려고 스쳐가는 과정이다. 나쁜 인연은 없다. 분명 내게 도움이 되는 귀한 인연들이다.

노각, 은은한 향기

비가 억수같이 쏟아지거나 마냥 한가로울 때 그녀의 집으로 향한다. 속이 답답하거나 펑펑 울고 싶을 때도 무작정 발길이 닿는다. 일 년에 두세 번은 하룻밤씩 묵고 오기도 한다. 언제라도 활짝 반겨주는 십년지기 친구가 있기 때문이다.

커피를 내려주고 구들목도 내어주니 나의 아지트인 셈이다. 하루는 집이 비어 있는 줄 알면서 무심코 들른 적도 있다. 마루에 걸터앉아 그녀가 가꾼 꽃들을 보고 있노라면 어느새 내 마음도 봄 햇살처럼 따사로워진다.

그녀를 처음 만난 것은 우리 어린이집 벽화를 그릴 때였다. 특별한 아이들이 뛰어노는 공간이라고 동화처럼 그려 주었다. 서울서 나름 멋을 내고 살다가 사업에 실패하여 시골살이를 하게 되었다고 한다. 여기가 어딘지도 모르고 가진 돈 천만 원으로 빈 농가를 샀고 그 낡은 집을 그림처럼 가꾸고 산다. 그녀의 마당은 돌멩이 하나도 작품이 된다. 삐걱대는 창고 문도 예술품으로 거듭난다.

하루는 라일락꽃이 하도 예뻐서 혼자 보기 아깝다며 라일락 축제에 초대했다. 나무 밑에 탁자를 놓고 깨끗한 리넨으로 식탁보를 깔았다. 초대한 서너 명을 위해 예쁜 그릇에 국수를 담아냈다. 보랏빛 꽃잎 아래 놓인 하얀 면발에서 라일락 향기가 배어났다.

어느 해 겨울에는 크리스마스 파티를 열기도 하였다. 담요를 두르고 온 마당에 켜 놓은 양초 사이에서 캐럴을 불렀다. 누군가는 통기타를 치고 모닥불 옆에는 주전자가 끓고 있었다.

그녀는 특별히 꾸미지 않아도 은은한 향기가 난다. 말수도 적은 편인데 마음을 읽어내고 속 깊은 얘기를 꺼내게 한다. 어디서 저런 명료함과 교양이 흘러나오는 걸까. 예술과 문화에 대한 해박한 식견, 거기에다 유머까지 곁들인 그녀는 나보다 훨씬 세련되었다.

한동안 못 갔는데 어제 모처럼 하룻밤을 묵고 왔다. 내가 좋아하는 호박잎을 찌고 가지 탕수육을 만들었다. 이른 저녁을 먹고 찻잔을 들고 원두막으로 갔다. 마당 한편에 있는 오래된 원두막에는 창문을 달아서 별채로 꾸며 놓았다. 누워서 하늘을 보니 저녁노을이 물들고 있었다.

그녀가 휴대폰으로 클래식 몇 곡을 들려주었다. 이대로 시간이 멈추었으면 했는데 금세 별들이 쏟아지고 있었다. 향긋한 풀내음과 풀벌레들의 합창, 모든 것이 우리를 위한 선물 같았다.

누군가는 가진 게 많아도 누리지 못하는데 우리는 가진 게 없어도 엄청 많이 누리고 사는 것 같다고 했다. 어릴 때는 정신없이 바깥에서 헤매다가 나이가 드니 고즈넉해서 좋다며 두런두런 밤을 새웠다. 행복은 가지는 것이 아니라 느끼는 것 아닐까.

2시가 되는 걸 보고 눈을 붙였는데 빗소리에 눈을 떠보니 어느새 새벽이었다. 홑이불을 두른 채 손에 잡힐 것 같은 마당을 내려다보았다. 가지 몇 개, 오이 몇 개가 달려 있었다. 그중에서 눈에 띄는 늙은 오이가 있었다. 보통 오이보다 두세 배나 크고, 누렇게 익은 노각이었다. 마치 속이 꽉 찬 그녀 같았다.

부스스한 머리에 잠이 덜 깬 그녀가 커피를 내려왔다. 따뜻한 토스트에 금방 삶은 계란과 함께 달게 먹었다. 창밖의 노각과 내 앞의 노각이 참 많이도 닮았다고 생각했다.

한동안 마음이 고요해질 것이다. 그녀를 만나는 것은 나를 찾아 나서는 짧은 여행이다. 인생의 여정이 다하는 날까지 변함없이 함께하고픈 친구. 그녀의 이름은 한해일이다.

새끼발가락

성급하게 허둥대다가 새끼발가락을 다쳤다. 맨발로 화장실에 들어가다가 문에 툭, 부딪쳤는데 순간 너무 아팠다. 손님이 와 있어서 '악' 소리도 못 내고 어금니를 깨물었다. 그 자리에 주저앉고 싶었지만 커피를 끓여 내왔다. 손님이 가시고 나서 발을 들여다보니 벌겋게 부어 있었다. 저절로 가라앉겠지 하고 하루를 지켜보았다. 아침에 일어나 보니 아뿔싸, 발등까지 시퍼렇게 멍이 들고 바로 서기조차 힘들었다.

발이 아파서 운전도 못 하고 욕실 슬리퍼를 신고 택시를 탔다. 의사가 엑스레이 사진을 보더니 골절이라며 바로 깁스를 해주었다. 여간 불편한 게 아니었다. 빨리 걷지도 못하지, 계단도 못 오르지, 낮은 턱을 넘는 것도 겁이 났다. 달랑 새끼발가락 하나 다쳤을 뿐인데 온몸이 뒤틀렸다. 엄지발가락에 힘을 주면 발바닥이 아프고, 발뒤꿈치에 힘을 주니 발목이 아팠다. 오른쪽을 절룩거리니 왼쪽으로 휘었다. 특히 잠잘 때의 통증은 만만치 않았다.

한쪽 신발만 신고 출근을 했다. 빨리 처리해야 할 일들이 많은데 성큼성큼 걷지 못하니 마음이 자꾸 조급해졌다. 새끼발가락은 이런 내 마음도 모르고 '그것 봐, 작은 것 하나라도 소홀히 하면 안 된다고.' 하며 항변하는 것 같았다. 무거운 다리를 이끌고 퇴근했다. 샤워라도 좀 시원하게 하고 싶었다.

그때 전화벨이 울렸다. 어떤 남자가 "누나" 하고 다정하게 부른다. 잘못 걸려온 전화인 줄 알고 끊으려는데 "영희 누나, 저 경욱이예요." 한다. 경욱이는 대학생 불교연합회에서 함께 활동했던 후배이다. 대전 가는 길에 누나 얼굴 좀 보고 싶은데 괜찮냐고 묻는다. 이걸 어쩌나, 안 된다고 할 수도 없고. 하는 수 없이 집 주소를 알려주었다. 군대 갈 때 보고 몇십 년 만에 만나는지라 서로 알아볼 수 있을까 궁금했다.

살금살금 걸어서 큰길로 걸어나갔다. 차는 도착한 것 같은데 사람이 내리지 않는다. 경욱이가 천천히 내리는데 다리가 좀 이상했다. 경욱이 얼굴과 다리를 번갈아 보았다. 경욱이가 먼저 악수를 청한다. "별것 아니에요, 살다보니 이렇게 되었어요." 하며 너털웃음을 웃는다. 밥 한 그릇은 먹여 보내야지 싶어 가까운 식당으로 걸어갔다. 의족을 한 남자와 깁스를 한 여자가 느린 걸음으로 식당 문을 열고 들어가니 앉았던 사람들이 다 쳐다보았다.

"누나는 여전하시네요."라며 20대 유치원 교사 시절 이야기를 꺼낸다.

"응, 유치원 교구 전시회 할 때 네가 많이 도와주었지" 하며 손재주 많은 경욱이를 떠올렸다. 국물 한 모금을 뜨며 어떻게 사고가 났느냐고 조심스럽게 물었다. 군대 갔다 와서 전기과를 졸업하고 결혼했는데, 딸아이가 세 살 때 사고가 났다고 한다. 비 오는 날 우산을 들고 건널목을 건너는데 차가 덮쳤다는 것이다. 모두가 힘들겠다고 했는데 중환자실에서 보름 만에 깨어났단다. 그리고 일그러진 다리 하나를 절단하게 되었다 한다.

나는 아무 말도 할 수 없었다. "누나, 저는 한 개를 잃고 두 개를 얻었어요"라며 경욱이가 밝게 웃는다. 하나는 살아 있다는 것에 감사하게 되었고, 또 다른 하나는 세상을 천천히 바라볼 수 있게 되었다 한다.

나보다 어린 그가 마치 거인처럼 느껴졌다. 더욱이 작은 전기 회사를 차려 바쁘게 일한다니 대단해 보였다. 그의 말을 듣고 있다가 새끼발가락 하나 다쳤다고 엄살 부린 나 자신이 머쓱해졌다. '발가락이 없어진 것도 아니고 시간만 지나면 낫는 일인데.'라고 생각하니 왠지 부끄러웠다.

경욱이가 가고 '천천히'에 대해 생각해 보았다. 몇 걸음 걷다가 쉬니까 푸른 하늘에 흘러가는 구름이 눈에 들어왔다. 또 몇 걸음 걷다가 멈추니 보도블록 틈에 핀 노란 민들레가 보였다.

느림의 미학이란 이런 것일까. 천천히 걸어가니까 전에 안 보이던 것들이 보인다. 깁스한 이 시간을 최대한 즐겨야겠다. 어쩌면 더 넓게 생각하고 더 멀리 바라보는 소중한 시간이 될 것 같다.

1박 2일 부부 여행

결혼하면서 우리는 몇 가지 약속을 했다. 그중에 하나는 1년에 딱 하루만은 1박 2일로 둘만의 여행을 하자는 것이었다. 그런데 말이 쉽지 막상 떠나려고 하면 날짜 잡기가 보통 어려운 게 아니었다. 그날따라 아이가 아프고, 누가 결혼식을 하고, 별의별 생각지도 못한 시시콜콜한 일들이 발목을 잡는다.

게다가 세 가지를 놓고 떠난다는 원칙을 지키려니 갈 때마다 용기가 필요하다. 첫째는 자동차 키를 두고 가는 것, 두 번째는 핸드폰을 두고 가는 것, 세 번째는 목적지를 정하지 않고 무작정 가는 것이다. 이 세 가지 구속에서 벗어나 최대한 자유롭게 다니는 것이 우리가 계획한 여행이다.

이번에도 아차 하면 못 갈 뻔했다. 365일 중에 단 하루라지만 둘만 훌쩍 떠난다는 것이 얼마나 어려운 일인지……. 하지만 아파트 1층 엘리베이터 문이 열리자 '야호'를 외치며 둘은 힘찬 하이파이브를 했다. 등산화 끈도 채 묶지 못하고 나갔지만 발이 둥둥 떠가는 것 같았다. 마치 학생이 학교 안 가고 땡땡이치는 그런 기분이었다.

　스물네 시간 다람쥐 쳇바퀴 도는 듯한 일상, 우리네 삶도 가끔씩 필터 교환이 필요하지 않겠는가. 습관적으로 집과 직장을 왔다 갔다 하다 보면 작은 일에 스트레스를 받기도 하고, 별것도 아닌 일로 전전긍긍하게 된다. 그럴 때 가장 좋은 치료약은 여행이 아닌가 싶다. 남편과도 10년 이상 살다 보니 현실에서 부딪히는 여러 가지 일들로 인해 사랑의 재충전이 필요한 것 같다.

　우선 시내버스를 타고 역으로 갔다. 왠지 창가에 스치는 바람이 학창 시절의 단발머리를 스치던 그 바람처럼 살갑게 느껴졌다.

　역에 도착하여 상행선을 탈까 하행선을 탈까 망설이다가 제일 빠른 열차를 타기로 했다. 좌석은 있었지만 곧장 열차 카페로 갔다. 캔 맥주 하나씩을 들고 차창을 바라보는데 문득, 당신이 내 곁에 있어 참 고맙다는 생각이 든다.

　발길 따라 도착한 곳은 천안역, 열차에서 내리니 포장마차가 있었다. 아는 사람이 아무도 없으니 오뎅을 먹기로 했다. 뜨거운 국물도 좋았지만 어린 시절 개구쟁이가 된 듯하여 재미가 쏠쏠했다. 겉치레를 벗어던지고 완전한 자유인이 된 것 같았다.

　애초엔 숙소도 초가집 같은 곳으로 정하려 했는데 도고온천에 배낭을 풀게 되었다. 저녁 식사는 은행나무가 있는 골목집에서 연기를 가득 피우며 돼지고기 연탄불구이에 막걸리 한 잔을 곁들였다. 그리고 유황 온천에 몸을 푹 담그고 하루의 피로를 풀었다. 그것이 전부다.

하지만 말로 다 표현할 수 없을 정도로 뭔가 가슴이 뻥 뚫리는 느낌을 받았다. 몸도 마음도 새털처럼 가벼워졌다.

행복한 가정을 만드는 것은 꽃을 키우는 것과 같아서 심었다고만 되는 것이 아니라. 끊임없이 물과 햇볕을 공급해주고 서로가 노력하며 가꾸어야 한다.

부부란 두 글자가 똑같이 생긴 것처럼 서로 존중하며 함께 협력해야 하는 반쪽들이 아니겠는가. 새삼 내 반쪽의 소중함을 느낀다.

버스를 타고 돌아오는 길에 황금물결로 출렁이는 들판을 바라보았다. 우리 둘의 마음 또한 깊어가는 가을처럼 넉넉해진다. 석양이 뉘엿뉘엿 하늘을 붉게 물들인다. 우리네 인생도 잠깐일 것이다. 남편이 아무 말 없이 내 손을 잡았다. 나도 손끝에 힘을 주었다.

황혼의 사랑

가경동에 사시는 할아버지가 돌아가셨다는 연락을 받았다. 청주에서 유치원을 운영할 때 친하게 지낸 이웃 어른이시다. 두 시간을 달려가 장례식장에 도착했다.

아들 셋에 딸 다섯이라 상복 입은 가족들만 삼십 명이 넘었다. 절을 올리고 맏며느리의 안내로 테이블에 앉았다. 인정 많은 며느리가 내 손을 덥석 잡는다.

"우리 아버님 말이에요, 얼마나 재미나게 사시다 가셨는지 몰라요. 팔십에 만난 애인과 십삼 년 동안 알콩달콩 지내셨다니까요."

"어머나 세상에, 정말요?"

나도 익히 알지만 할아버지는 키가 크고 인물도 좋으셨다.

"글쎄, 지난달 병원에 계시는 동안 전화비가 삼십만 원 나왔다니까요."

"전화비가요?" 그때는 휴대폰 요금 할인제도가 없었다.

"수곡동 할머니와 밤낮으로 통화를 하세요. 아침은 뭘 먹었냐, 지금 뭐 하냐, 보고 싶다. 뭐 그런 얘기들이었어요." 하며 웃음 섞인 귓속말을 한다.

크크, 하마터면 소리 내어 웃을 뻔했다.

"할머니 연세는요?"

"스무 살 적으니 칠십 삼세예요."

충분히 짐작이 간다. 할아버지는 아흔의 나이에도 자전거를 타고 시원하게 바람을 가르며 다니셨다. 그리고 늘 웃음을 잃지 않으셨다. 처음 본 아이에게도 "너는 이다음에 훌륭한 사람이 되겠다." 하시고, 동네 슈퍼에서 생수 한 병을 사도 "물건이 참 좋다."고 칭찬하시는 분이었다.

며느리를 효부로 만든 것도 할아버지의 칭찬 덕분이었다. 미장원에 가서도 "우리 며느리가 참 잘해요." 하시고, 골목 가게에 들를 때마다 "우리 며느리가 그럴 수 없이 잘한다."고 칭찬하셨다.

다음 날 며느리가 가게 앞을 지나가면 "아유, 할아버지가 그러시던데 시아버지한테 그렇게 잘하신다면서요." 하니 더욱 잘할 수밖에 없었다고 한다.

며느리가 음료수를 건네며 돌아가시기 전 얘기를 다시 꺼낸다.

할아버지께서 유언을 하겠다고 가족들을 다 모이라 하셨단다. 아버지를 마지막으로 뵙는 자리라 멀리 있는 자녀들이 모두 모였다. 자녀들은 아버지께서 중요한 이야기를 남기시겠구나 생각했다. 숨겨놓은 재산에 대한 말씀도 은근히 기대했다. 할아버지께서는 장남부터 여덟째까지 차례로 이름을 부르고 일일이 손을 잡으셨다.

그리고는 말씀하셨다. "너희들이 다 모였으니 내 마지막 부탁을 말하겠다."

장남이 "예, 아버지 무슨 말씀이라도 하십시오." 했다.

"내가 말이야, 눈을 감으려 하니 딱 한 사람이 마음에 걸린다."

병상을 빼곡히 둘러싼 자녀들은 서로를 쳐다보았다. 할아버지는 오랫동안 마음먹은 이야기를 침착하게 꺼내셨다.

"수곡동 할머니 말이다. 너희들을 낳지는 않았지만 나 대신 돌봐주면 좋겠다."

할아버지는 수곡동 할머니를 혼자 두고 떠나시는 게 못내 마음에 걸렸던 모양이다. 하지만 자식들 걱정은 한마디도 안 하시고 오로지 수곡동 할머니를 걱정하시는 아버지를 보고 자녀들은 할 말을 잃었다.

"세상에, 그런 일도 다 있나요?" 내가 입을 딱 벌렸다. 며느리가 말했다.

"아버님 마지막 유언 앞에 우리는 다른 말을 할 수가 없었어요. 그냥 예, 알겠습니다. 그랬죠."

영화 〈그대를 사랑합니다〉를 본 적이 있다. 배우 이순재 할아버지는 아내를 먼저 보내고 고집불통으로 살았는데, 우연히 박스를 줍는 할머니를 만나 사랑에 빠지게 되는 이야기였다. 할아버지는 머리핀을 선물로 내밀며 구름 위를 걷듯 들떠 있었고, 할머니는 머리핀을 꽂으며 소녀처럼 좋아했다.

사랑은 열아홉만 하는 것이 아니라 아흔아홉에도 할 수 있다. 영화관을 나오면서 순수하고 아름다운 황혼의 사랑이 얼마나 애절한가를 새삼 느끼게 되었다. 어떻게 보면 죽음을 앞두고 마지막으로 하는 사랑이 더 절절할 수도 있겠다.

나도 가경동 할아버지처럼 살 수 있을까. 그렇게 사랑할 수 있다면 아니, 사랑받을 수만 있다면⋯⋯.

순두부 한 그릇

식당에 가면 나는 무조건 순두부를 시킨다. 아무리 많은 메뉴가 있어도 결국 순두부라는 글자에서 눈을 뗄 수가 없다.

서울에서 유치원 교사를 할 때였다. 교사들도 도시락을 싸오던 시절이었다. 아침에 일어나면 머리 말릴 시간도 모자라 전철역까지 뛰어가면서 말렸다. 하루 종일 아이들과 뒹굴고 야간에 대학원을 다녔으니 몸은 늘 물먹은 솜 같았다.

1986년쯤이니 잠실이 재개발되기 전이었다. 돈이 없어서 도시락은 엄두도 못 내었다. 내가 살던 곳은 5층짜리 시영아파트의 구석진 501호였다. 13평 아파트의 큰 방은 주인 내외가 쓰고, 이불 한 장 펴면 딱 맞는 작은방에 세 들어 살았다. 주인집엔 초등학교 다니는 딸아이가 있었는데 세 명 살기에는 좀 비좁다고 느껴졌다. 그때는 아파트에서도 연탄을 사용했다. 출근하기 바쁜 나는 제시간에 맞춰 연탄불을 갈 수 없었다. 그러니 방은 늘 얼음장이었다.

월급봉투를 받으면 방값을 내야 하고 등록금도 모아야 한다. 게다가 밥도 먹어야 하고 연탄불도 피워야 하니 늘 쪼들렸다. 아낄 수 있는 것은 밥값과 연탄값뿐이었다. 더운 것은 참겠는데 추운 겨울이 문제였다. 하나 있는 북쪽 창문에서 칼바람이 불어왔다. 모자를 쓰고 장갑을 끼고 얼굴까지 이불을 덮고 잤다. 아침은 굶었다.

그때 유치원은 한 반에 사십 명쯤 되었다. 아이들 간식으로 나오는 우유가 있는데 결석 아동이 있을 때는 남은 것을 먹을 수 있었다. 결석 아동이 없는 날은 물만 마셨다.

점심은 오뎅 두 개에 국물 세 컵으로 때웠다. 오전반 아이들을 큰 길목까지 데려다주고 돌아오는 길에 포장마차로 뛰어갔다. 유치원 원장님께 들키면 안 되기에 얼른 먹어야 했다.

포장마차 건너편에 식당이 있었다. 유리창 너머에서 식사하는 사람들이 보였다. 펄펄 끓는 순두부 뚝배기에 계란을 풀어 넣는 사람들이 부러웠다. 하얀 쌀밥에 순두부를 올려놓고 호호 불며 먹고 있었다.

그때 생각했다. '내게도 저런 날이 올까, 뜨거운 순두부를 호호 불며 맛있게 먹어볼 날이 있을까' 하고 말이다.

저녁은 매일 라면이었다. 낱개로 포장하지 않고 한 봉지에 10개씩 넣어 식당용으로 파는 라면이었다. 집에 오면 석유 곤로에 불부터 피웠다. 성냥을 그어 심지에 불을 붙이고 양은 냄비를 올렸다. 뱃속에서 꼬르륵 소리가 난 건 한참 전이다. 라면을 빨리 익히려고 물과 함께 넣고 끓였다. 냄비 뚜껑에 라면을 건져 올려 반찬도 없이 먹었다. 너무 맛있어서 국물을 한 방울도 남기지 않았다. 평생 먹을 라면을 그때 다 먹어서 요즘은 잘 먹지 않는다.

가끔 동료 교사들이 퇴근하면서 밥 먹으러 가자고 할 때가 있었다. 몇 번 같이 어울렸는데 각자 자기 밥값을 내고 나면 한 달 살림이 걱정되었다. 그래서 이 핑계 저 핑계를 둘러대고 빠지곤 했다.

돈도 돈이지만 항상 염려되는 것은 토큰 지갑이었다. 학교도 가야 하고 유치원에도 가야 하는데 토큰 하나라도 잃어버릴까 봐 수시로 확인했다.

돌아보니 엊그제 같은데 40년이 다 되어간다. 앞으로도 순두부에 대한 나의 사랑은 변함없을 것 같다. 보글보글 끓는 순두부 한 그릇을 마주하고 있으면 세상에 부러울 것이 하나도 없으니까.

여백 만들기

　이사 오길 참 잘했다. 그 많던 짐들을 정리할 수 있어서 다행이다. 큰 평수에서 딱 반으로 줄였으니 반은 비워낸 것이다. 그대로 살았더라면 이런 즐거움을 누리지 못했을 것이다.

　가장 어려웠던 것은 책을 버리는 일이었다. 몇 년째 펴 보지 않은 책들을 과감하게 정리하였다. 부피가 큰 돌침대는 필요한 분께 드리고 양문형 냉장고도 내버리고 왔다. TV는 원래 없었고, 거실에는 큰 테이블 대신 작은 책상을 놓았다.

　언젠가는 입어야지 했던 옷들도 딱 반으로 간추렸다. 전기밥솥과 큰 냄비, 구석구석 쌓아둔 그릇들도 이웃과 나누었다. 각종 기념품과 상패, 액자, 장식품들도 대부분 없애 버렸다. 냉동실에 얼려둔 크고 작은 뭉치들도 이참에 비워 버렸다. 화장대도 신발장도 꼭 필요한 것만 챙겨왔다. 버리고 비워내니 한결 홀가분해졌다.

　추억 때문에 못 버리고, 아까워서 못 버리고, '다음에 쓸 일이 있을 거야' 하며 지녀온 것들을 이사 덕분에 버리게 된 것이다.

하나하나 모으는 재미도 좋았지만 어느새 무거운 짐이 되었고 내 마음까지 짓눌리고 있었다. 버리는 데 용기가 필요했지만 그것들이 없어도 전혀 불편하지 않고 오히려 공간이 넓어졌다. 물건으로 공간을 채우려던 부담감에서 해방되니 나만의 시간이 늘어났다. 책상에 앉아 있는 시간과 차 한 잔의 여유가 생겨났다. 여백의 미가 이런 것일까.

타인이 아니라 오롯이 나에게 집중하는 시간이 늘어났다. 비어있는 공간으로 빛이 스며들고 바람도 숨을 길게 쉬었다 간다. 어떤 날은 별도 달도 내 곁에 쉬어간다. 풀벌레 소리, 비 오는 소리, 새들의 지저귐, 개구리와 귀뚜라미 울음, 나뭇잎이 흩날리는 자연의 소리를 듣게 된다.

나무도 너무 빽빽하면 서로 자라지 못하고, 가진 것이 많은 사람들은 걱정도 많다고 했다. 물건을 비워내니 마음이 넉넉해진다. 이제 됐다. 더 이상의 물건은 필요치 않다.

친구가 반짝이는 다이아몬드를 끼고 나온다 해도 부럽지 않을 것 같다. 고급차에 진한 향수를 뿌리고 나와도 흔들리지 않을 것이다. 명품 핸드백보다는 책 한 권 넣은 에코백이 더 좋다. 네일아트의 화려한 빛깔보다 단정한 내 손톱이 훨씬 좋다.

이사를 하고 물건을 정리했을 뿐인데 '빨리빨리', '어서어서'라고 외쳤던 급한 마음에서 풀려났다. 매일매일 여행을 하는 것 같다. 가벼운 여행 가방을 들고 만나는 일상이 경쾌하다.

들꽃 한 송이 꽂아놓고 햇볕에 등을 기대며 내게 꼭 필요한 것이 무엇인가 물어본다. 잠시 머물다 갈 여정인데 무겁게 들고 갈 필요가 없다. 내가 만든 감옥에 스스로 갇힐 이유도 없다. 몸도 가볍고 마음도 가볍게, 살아 있는 그날까지 천천히 걸어가려 한다.

시절 인연

고3 때 단짝이었던 친구와 결별을 하고 말았다. 십 대에 만났으니 오십 년 세월을 함께했던 친구다. 뽀얀 피부, 인형 같은 얼굴, 나는 항상 민자가 부러웠다. 가정 형편도 우리 집보다 좋았고, 부모님들도 교양 있는 분들이셨다.

민자와 찍은 흑백사진들도 많다. 양 갈래 머리로 교복 입은 사진이며, 대학 졸업 때 민자 가족과 같이 찍은 사진도 있다. 결혼식 날 민자는 내게 부케를 던졌고, 아이들 돌잔치 때도, 부모님들 장례식 때도 함께했었다.

생각해보니 연애편지도 내가 써주었다. 민자는 밤새도록 썼다가 지워도 머리만 하얗다며 내게 부탁했었다. 편지 써줄 때만큼은 내가 우위에 있었다. 남포동 석빙고에서 아이스케키를 먹었고, 부산역 앞 미미 양과점에서 팥빙수를 먹었다. 답장이 오면 또 민자가 달려왔고 나는 먹고 싶은 음식을 골라가며 써주었다.

그렇게 해서 민자는 결혼을 하게 되었는데 그 남편은 아직도 모를 것이다. 민자의 남편은 의사다. 아마도 아름다운 미모 덕분인 것 같다. 민자는 직장생활도 하지 않는데 가정부를 두었다. 어린 시절에도 귀하게 자라더니 지금도 남부러울 게 없이 사는 것 같다.

나는 일 년에 한 번쯤 서울에 올라가서 민자를 만나곤 했었다. 전화는 주로 민자가 했고 나도 여고시절로 돌아간 듯 반갑게 받았다. 그런데 그날은 내가 왜 그랬는지 모르겠다. 민자의 이야기를 끝도 없이 듣고 있다가 한마디 했다.

"민자야, 좋은 소식 좀 전해주면 안 되겠니?"

"응? 그게 무슨 말이야?"

"아니, 너는 맨날 남들이 잘못되기를 바라는 것 같아."

"얘, 무슨 말을 그렇게 해?"

"누가 이혼했다더라, 누구 남편이 죽었다더라 그런 말 말고는 없니?"

"……"

"다들 그럴 수밖에 없는 사연들이 있었을 거야."

"……"

민자와 통화하고 나면 항상 맥이 빠졌다. 자식 키워봐야 소용없다느니, 남편이 간호사랑 무슨 일 있는 것 같다느니 맨날 징징대는 말을 달고 살았다. 나는 그간 친구가 무슨 말을 해도 다

들어주었고 다독이는 역할을 했었다. 하지만 환갑이 지난 이 나이에도 아직 저러나 싶은 마음에 그만 속에 있던 말을 훅 뱉어버리고 만 것이다. 늘 불평만 하는 민자와 통화하는 시간이 아까웠다. 그날 이후 민자는 내게 전화하지 않았다.

오래된 친구와 이렇게 헤어지고 나니 친구란 무엇인가 하는 생각을 하게 되었다. 유치원 때 친구는 소꿉친구였고, 초등학교 친구 모임에도 가보니 코흘리개 때 이야기가 전부였다. 중, 고등학교 친구도 사춘기를 보내며 꿈 많은 청소년기를 함께한 추억뿐이었다.

평생 마음을 나눌 친구는 과연 몇이나 될까. 핸드폰에 저장된 그 많은 사람 중에 정녕 내가 힘들 때 연락할 친구는 없었다. 그런 탓에 나는 친구가 없네, 벗 하나 없네 하며 자책하기도 했다. 지금 생각해보니 민자 또한 한 시절 스쳐간 인연이 아니었던가 싶다.

시절 인연이란 모든 사물의 현상이 일정한 시기가 되어야 일어난다는 불교 용어다. 사람과의 만남도. 일과의 만남도. 소유물과의 만남도. 깨달음과의 만남도 일체 모든 만남은 모두 때가 있는 법이라 했다.

기차를 타고 가다 보면 어떤 이는 내리고 또 어떤 이는 내 옆에 앉는 것처럼 친구와의 만남도 오고 가는 시기가 있는 것 같다.

어릴 적 만났지만 삶의 동선이 달라 잊힌 친구가 있고, 늦은 나이에 만나도 속마음을 나누는 친구도 있다. 인연에는 다 때가 있다. 오란다고 오고 가란다고 가는 것이 아니다. 그러니 지금 이 순간, 바로 내 앞에 있는 사람이 가장 소중한 시절 인연 아닐까.

결혼 생활 1

　우리가 원하든 원치 않든, 생길 일은 생기기 마련이다. 그 일을 어떻게 받아들이느냐는 사람마다 차이가 있다.

　아무리 힘들어도 금자는 생글생글 웃었다. 덧니 하나를 살짝 드러내 보이며 입 전체를 벌리고 웃었다. 얼마나 싹싹한지 금자만 보면 금세 기분이 좋아지곤 했다.

　밤늦게 전화가 왔다.

　"언니, 자?"

　"아니, 어쩐 일이야?"

　발음이 약간 꼬이는 걸 보니 술 한잔했나 보다.

　"나 말야, 민주 아빠랑 헤어졌어."

　"······"

　"도저히 못 살겠더라구."

　"애들은 어쩌구?"

"내가 데려올라 했는데 시댁에서 키운다고······."

"밥은 먹었니?"

"언니, 밥이 목구멍에 안 넘어가네."

금자가 흐느꼈다. 남자는 안 보니까 편하고 좋은데 아이들 생각에 가슴이 찢어진다고 했다. 초등학교 5학년 딸, 중학교 2학년 아들이 있다. 지나가는 애들만 봐도 내 새끼 같아서 미칠 것 같단다.

"얼마나 됐어?"

"한 6개월쯤."

"지금 어디야?"

"섬으로 가면 잊을 것 같아서 제주도 왔어."

"그랬구나."

어떻게 먹고 사냐 했더니 식당에 가서 설거지하고 편의점 알바도 뛴다고 한다.

금자 전화를 끊고 베란다로 나갔다. 아이는 한잠이 들었고 남편은 아직 돌아오지 않았다. 창문을 여니 찌르르 찌르르 귀뚜라미 소리가 귓바퀴에 걸린다. 나무에 걸린 환한 달은 시린 가슴을 긁고 지나간다.

좋아서, 죽고 못 산다고 결혼하지 않았나. 어지간하면 참고 살았을 텐데 오죽했으면 이혼을 했을까. 이제 마흔인 금자는 어떻게 살아가야 할까.

가정을 건강하게 지키는 것은 어느 한쪽의 노력만으로 안 되는 것 같다. 부부는 둘이서 하나 되는 젓가락 같고, 한쪽만 있으면 어디도 못 가는 신발과 같다. 그런데도 둘 사이에는 균열이 생긴다.

사실, 남의 이야기만은 아니다. 내게도 말 못 할 사연이 있다. 얼마 전에 용기 내어 이혼 전문 여성 변호사를 찾아간 적이 있다.

10분당 상담료가 생각보다 비쌌다. 변호사 만났다는 사실을 남들이 알까 두려웠다.

이혼의 조건은 3가지였다.

첫 번째, 이혼 사유가 성립되어야 하고, 두 번째는 자녀 양육권을 누가 가질 것인가, 세 번째는 재산 분할은 어떻게 할 것인가이다.

아무나 쉽게 이혼하는 줄 알았는데 쉽지 않은 과정을 거쳐야 한다. 이렇게 어려운 일을 금자는 어떻게 해냈을까. 만감이 교차한다. 당장이라도 깨끗하게 갈라서고 싶지만 남의 눈이 두렵다. 누구누구는 이혼녀라네, 하는 손가락질도 무섭다.

아이를 생각해 봐도 그렇다. 아이가 어떻게 받아들일까 걱정된다. 아비 없는 자식이라고 놀림을 받을까 걱정도 되고, 학교에서 아버지 모임 같은 걸 하면 그 또한 문제다.

마음의 칼날은 자꾸 내 가슴을 도려낸다. 우울한 감정이 발바닥에 끈끈이처럼 달라붙어 쉽게 창문을 닫지 못했다. 목을 옥죄는 소금물을 잔뜩 마신 것 같다. 길을 잃고 어두운 산기슭에 혼자 있는 느낌이다. 이 황망함을 도대체 어찌하면 좋을까.

현관문 비밀번호 누르는 소리가 들린다. 후다닥 아이 방으로 뛰어 들어간다. 자는 척하며 숨을 죽이고 누웠다. 한참을 뒤척이다가 어느 결에 잠이 든 것 같다.

결혼 생활 2

　사람들은 남의 말 하기를 좋아한다. 자기 흉은 감추고 남의 흉은 크게 키운다. 이른바 내로남불이다.

　친구와 전화 통화를 하다가 지금 나의 결혼 생활에 대해 쓰고 있다고 했다. 친구는 괜찮겠냐고 물었다. 아직 현직에 있고 이혼한 상태도 아닌데 굳이 밝힐 필요가 있냐고 염려했다. 나는 발가벗지 않고 어떻게 독자들 앞에 당당히 서겠냐고 반문했다.

　친구는 자신 있느냐고 다시 물었다. 학부모들이 보면 뭐라 하겠냐, 교사들은 또 어찌 생각하겠냐는 것이다. 그 말도 맞다. 걱정해 주는 친구가 있어 고맙다. 글에는 나를 치유하는 힘이 있다. 그래서 내 글을 읽고 공감하는 이가 있다면 마음의 반창고가 될 것이라고 말했다.

　사람들은 각양각색으로 살아간다. 주변에 보면 자신의 상처를 꺼내지 못해 우울증에 걸린 사람도 있고, 혼자 끙끙 앓다가 정신과 치료를 받는 경우도 있다.

이럴 때, 그래 어쩔 테냐? 난 이렇다. 왜? 그게 어때서. 이런 당당함도 필요하지 않을까.

살아 있다는 것은 ing다. 다시 말해 현재 진행형이다. 모든 건 끝까지 가봐야 알 수 있다. 지난 일들이 그러했듯이 지금 일어나는 일들도 지나고 보면 한순간의 추억이 될 것이다.

2021년 결혼과 이혼의 통계를 검색해보았다.

전년도에 비해 결혼은 9.8% 감소하였고, 60세 이상의 황혼 이혼은 13.9%나 증가하였다. 황혼 이혼은 우리나라뿐만 아니라 전 세계적으로 뜨거운 트렌드이다.

웃픈 얘기 하나 해줄까.

90내 어떤 할머니가 변호사를 찾아왔단다. 할머니는 앉자마자 "변호사님, 우리 영감탱이와 이혼할랍니더." 하시더라네.

변호사는 허리가 구부정한 백발 노인을 보며 "할머니, 그냥 사시면 안 될까요?" 하고 달래듯이 말했대.

할머니는 손수건을 꺼내 눈물을 훔치며 "변호사님요, 지금까지 참고 살았는데 제 마지막 소원 꼭 들어주이소." 하시더란다.

"할머니, 그게 뭡니까?"

"나는 죽어서 저 인간하고 같이 땅에 묻히는 게 싫어요." 하셨단다.

정말 웃기지만 슬픈 이야기 맞지?

또 하나만 더 얘기해 볼게.

오랜만에 친구들끼리 저녁 약속이 있었대. 친구는 굿 뉴스와 배드 뉴스가 있는데 뭐부터 말할까 하더란다. 그래서 배드 뉴스부터 말해보라 했대.

그는 시무룩하게 고개를 떨구며 "오늘 여자친구랑 헤어졌어." 하더란다.

"그렇구나, 그럼 굿 뉴스는 뭐냐?"고 물었더니 그는 활짝 웃으며 "어제 아내와 헤어졌어." 하며 두 팔을 벌려 만세를 부르더란다.

그날 밤 두 친구는 밤이 깊도록 이별 축하 파티를 거나하게 했대.

상처는 덮어두고 감출수록 곪을 확률이 높다. 내 슬픔을 들키지 않으려고 꽁꽁 싸매지 말아야 한다.

나는 지금 재충전 중이다. 남편에게 기대지 않고 스스로 독립하기로 했다. 오롯이 나 자신을 돌보는 일에 전념하고 싶다.

비로소 내가 나를 만나는 평화와 감사의 시간을 누리고 있다. 나는 누구인지, 무엇을 하고 싶은지 물어본다. 내 안의 나와 다정한 벗이 되어 오솔길을 천천히 걸어보고, 나를 안아주며 여유롭게 차도 마신다.

지나온 길이 원하는 삶이 아니었다고 원망하지도 않는다. 나를 미워하지도 않고 그를 미워하는 마음도 없다. 집착에서 고통이 왔다는 걸 이제 어렴풋이 알게 되었다. 덧없는 생각에 끄달려 아까운 시간을 낭비할 이유가 없어졌다.

니체는 '나를 죽이지 못하는 것은 나를 더욱 강하게 만든다.' 했다. 시련은 고마운 것이다. 더 단단한 마음 근육으로 나를 성장시킨다.

시간은 모든 것을 해결하고 상처를 낫게 한다. 이제 물 흐르듯 천천히 나만의 속도로 걸어가면 된다. 나는 더 행복해질 것이고 앞으로 모든 일이 더 잘 될 것이다.

사기꾼과 어머니

20년간 피땀 흘려 모은 돈을 고스란히 사기당했다. 엄마에게 돈 관리를 맡긴 게 불찰이었다. 콩나물 한쪽도 아끼고 지폐에 다림질까지 하던 엄마였기에 철석같이 믿었다. 아버지가 일찍 돌아가시고 엄마와 둘이 사는 무남독녀였기에 걱정도 안 했다. 엄마는 원래 돈 만지는 걸 좋아했다. 유치원 교사 시절 월급봉투를 건네면 밤새 오른손으로 세고 왼손으로 세고 하셨다.

나는 스물아홉 살에 유치원 원장이 되었다. 엄마가 자궁암 말기여서 수술해도 1년, 안 해도 1년밖에 못 산다는 선고를 받고 갑자기 이루어진 일이었다. 엄마는 죽음이 두려웠고 나도 혼자 살아갈 세상이 무서웠다. 그러나 슬픔도 잠시, 살기 위해 서둘러야 했다.

우리가 살던 아파트와 작은 집 두 채를 급히 팔았다. 나 혼자 살아가려면 내가 할 수 있는 일을 찾아야 했다. 몇 날 며칠을 골똘히 생각했다. 장사는 아예 자신 없고, 기술도 딱히 없었다. 오직 아이들과 함께 하는 일밖에 생각나는 게 없었다. 그렇게 해서 융자를 조금 보태 청주에 있는 유치원을 사게 되었다.

유치원은 아파트 단지 내 지은 지 6개월 된 깨끗한 3층 건물이었다. 아이들과 학부모를 만났던 첫날은 아직도 잊지 못한다. 엄마의 남색 한복을 들고 세탁소에 갔다. 저고리에 동정을 새로 달고 무릎 밑으로 치마 길이를 수선하였다. 단발머리였던 나는 머리카락 한 올 흘러내리지 않게 쪽머리로 묶었다. 그리고 내 가슴속에 태극기를 달았다. 유아교육의 유관순이 되겠다는 비장한 각오를 세운 날이었다.

매일 아이들을 만나는 일은 신이 났다. 교사들이 모두 퇴근해도 밤새 불을 끌 수가 없었다. 그래서인지 입학생들이 줄을 섰다. 무척이나 재미있었다. 그렇게 20년간 청춘을 다 바쳐 유치원과 결혼하였다. 1년밖에 못 산다던 엄마는 아무렇지도 않게 은행 일을 보았다. 그때는 교육비가 모두 현금이었고 매달 봉투에 넣어 보내왔다.

S은행 2층에는 건설회사 사무실이 있었다. 건설회사 회장은 은행을 들락거리는 엄마를 눈여겨보고 차 한잔하고 가라며 접근하였다. 유치원 이사장님이라 부르며 극진히 모셨던 것 같다.

얼마 후, 엄마는 안 입던 백바지를 입고 어떤 날은 허리가 잘록하게 보이도록 굵은 벨트를 하였다. 건설회사에서 주관하는 산악회가 있다며 주말마다 멋을 내고 나가시곤 했다. 명절이면 값비싼 쇠고기 선물을 들고 오셨다. 나는 그저 일에 빠져 아무

눈치도 채지 못했다.

하루는 수영장 가는 길에 엄마가 차를 잠깐 세우라고 했다. 느낌이 이상했다. 가로수 벤치에 나란히 앉았는데 "내가 언제 죽을지도 모르니 이제 말해야겠다"고 한다.

그러면서 바지 주머니를 뒤져 동그란 약을 쥐여주셨다. 청심환이었다. 엄마 손이 약간 떨리는 것 같았다. 엄마가 먼저 입에 넣으시더니 나도 먹으라 하신다.

내용인즉, 건설회사 사장이 1년 동안 연락이 안 된다는 것이었다. 상자를 열어 여러 번 싼 봉투를 보여주신다. 1억짜리 당좌수표가 6장 들어 있었다. 처음 보는 수표라 일단 은행으로 달려갔다. 우선 내 통장에 동그라미가 많이 붙은 금액이 투두둑 찍혔다. 하지만 서울로 올려 보내서 무슨 조회와 심사를 받아야 한다고 했다.

알고 봤더니 발행일로부터 유효 기간이 있었고, 그 기간이 지나면 휴지 조각이 된다는 것이었다. 다음 날 은행에 가보니 0원이 되어 있었다.

나중에 알았지만 그 사기꾼이 살려 달라, 한 번만 더 빌려주면 전체 금액을 당장 돌려준다 해서 5천만 원 융자까지 내준 사실도 알게 되었다. 어처구니없이 6억 5천만 원을 깡그리 사기당했다. 억척스럽게 벌었던 20년 세월이 물에 떠내려가 버린 것이다.

엄마는 한동안 시름시름 앓았다. 나도 잠이 오질 않았다. 내게 한마디 상의도 하지 않은 엄마가 정말 미웠다. 아무것도 모르는 노인을 속인 사기꾼의 죄질은 정말 나빴다. 변호사를 선임하고 검찰청도 여러 번 다녀왔다. 그러나 결국, 한 푼도 받아내지 못했다.

전문 사기꾼이었던 그는 끝까지 안 준다는 말은 하지 않고, 꼭 주겠다고 머리를 조아렸다. 그리고 얼마 전에 죽었다는 통보를 받았다. 그걸로 모든 게 끝이다.

꼬임에 빠진 엄마 때문에 천금 같은 돈을 한순간에 날려버렸으나. 불행 중 다행한 일은 엄마가 아직도 건강하시다는 것이다. 이제 다 지난 일이고 다시 돌이킬 수도 없지만 생각하면 뼈아프다. 그 많은 돈을 좋은 일에 썼더라면 얼마나 좋았을까.

옥에 티

어느새 가을이다. 파릇한 풀잎들이 여름내 싱그럽게 출렁이더니 며칠 사이 노을빛으로 물들기 시작했다. 가을이 오면 왠지 가슴이 아리고 누구라도 그립지 않던가.

친구도 그랬나 보다. 모처럼 큰맘 먹고 우리 집에 오겠다고 한다. 오랜만에 얼굴 볼 생각에 반갑기도 했지만 음식은 무엇을 준비하고 잠자리는 어떻게 해야 할까 걱정이 앞섰다. 일주일 내내 청소도 하고 집 안을 정리하며 분주하게 보냈다.

친구 남편은 어릴 때 소아마비를 앓았다. 두 다리에 힘이 없어 양팔에 목발을 짚고 다닌다. 계단은 물론이고 작은 턱도 넘기가 힘들다. 바깥나들이가 쉽지 않은데 이렇게 오겠다고 한 것은 그만큼 허물없는 사이이기 때문이다.

잠자는 방은 화장실도 가깝고 걸터앉기에 편하도록 우리 부부의 침대방을 내주기로 했다. 나들이 코스는 단풍이 물들기 시작하는 직지사로 정했다.

금요일 저녁, 친구 내외가 우리 어린이집에 도착했다. 만나자마자 상기된 얼굴로 감탄사를 연발한다.

"김천 대단하네요. 불빛이 화려합니다. 여수는 인구가 삼십만이라도 이런 건물 하나 없는데. 와~ 저건 또 뭡니까?"

전라도 구수한 억양으로 문화예술회관을 가리킨다.

나도 덩달아 신이 나서 "여긴 실내 체육관이고요, 저건 실내 수영장이에요. 얼마 전엔 전국 장애인 체육대회도 했답니다." 하며 자랑을 늘어놓았다.

그는 계속 고개를 끄덕이며 놀라워했다. 뉴스에서 본 것보다 더 좋다는 것이다. 김천에서 혁신도시 기공식을 한 것과 KTX 역이 있다는 것 등을 부러워했디.

그 다음날도 도로 중간 중간에 설치된 조각품들과 조경을 보며 멋지다고 했고 깨끗한 거리와 소나무들을 보며 감탄을 했다.

직지문화공원까지는 그렇게 기분 좋게 갔다. 그런데 거기까지였나 보다. 한 십 미터쯤 걸었을까. 공원을 둘러보던 그의 표정이 어두워졌다.

"젊을 땐 팔 힘으로 짚었는데 이제 나이가 드니 힘이 점점 부치네요."

친구 남편이 목발 짚기가 힘들다고 그만 걷자는 것이다. 아차, 싶어 부랴부랴 휠체어를 구하려고 공원관리사무실로 찾아갔다.

"휠체어 있습니까?"

"없는데요."

"그럼, 어디서 좀 구할 수 없습니까?"

"모릅니다."

간단하게 딱 잘라 대답한다. 급히 직지사로 전화했다.

"혹시 휠체어 있나요?"

"휠체어요? 그런 것 없습니다."

내 목소리가 약간 떨렸다.

"휠체어가 왜 없습니까?"

전화를 받은 이가 엉뚱하다는 듯 코웃음 비슷한 소리를 냈다. 사실, 그곳에는 꼭 있었으면 했다.

"이렇게 큰 절에 휠체어 하나 없습니까?"

"그런 건 우리한테 묻지 마시고……."

갑자기 얼굴이 화끈 달아올랐다. 어쩔 줄 몰라 당황하는 사이에 그가 안 했으면 좋을 말을 툭 던진다.

"김천은 겉보긴 좋은데 삼십만 원만 하면 사는 휠체어가 없군요. 얼마 전에 장애인 체전을 했다더니 어떻게 했습니까?"

"......"

순간 입이 얼어버렸다. 어떤 말도 할 수 없었다.

마침 도자기 박물관이 떠올랐다. 그냥 돌려보내면 안 되겠다 싶어 도자기 박물관으로 갔다. 물론, 거기에도 휠체어는 없었다. 잠시 둘러보고 그들은 붕 떠났다. 나는 그 자리에서 한참을 서성였다.

드림밸리 김천, '살고 싶은 도시만들기 대상'을 받은 김천. 그러나 옥에도 티가 있었다. 장애인에 대한 배려가 부족하다는 것이다.

무엇이 종교 정신인가? 상대를 배려하는 이타심이 첫 번째가 아닌가?

장애는 누구의 잘못도 아니다. 선천적 장애도 있지만 사실은 후천적 장애가 더 많다. 영화 〈슈퍼맨〉의 주인공 크리스토퍼 리브는 승마 경기에 참가했다가 말에서 떨어져 전신마비가 되지 않았던가?

내가 좋아하는 가수 클론의 강원래 씨도 마찬가지다. 경쾌한

몸짓과 흥겨운 리듬에 어깨가 절로 들썩이던 노래, '쿵따리 샤바라'를 대한민국 사람은 다 알 것이다. 그도 오토바이를 타고 가다가 유턴하던 승용차와 충돌하는 바람에 척수신경이 손상되어 휠체어를 탄다.

명품도시, 역동의 혁신도시 김천, 내가 영원히 살 희망의 도시 김천. 장애인에 대한 배려가 조금 더 있다면 훨씬 멋진 도시가 되지 않을까. 휠체어에 대한 아쉬운 마음이 아직도 단풍처럼 붉고 진하게 남아 있다.

내 마음이 네 마음

오늘 아침 학부모님들께 보낼 편지를 썼다.

어둠을 밀어내고 분홍빛 먼동이 틉니다. 새들은 하늘을 날아오르고 산들은 구름을 벗습니다.

오늘은 딱 하루뿐인 새날입니다 우리 학부모님들도 좋은 하루 되시길 빕니다. 조용한 이 아침, 저 새들을 보며 문득 어머니들이 생각났어요. 어미새와 아기새……

새들은 날려 보내기 위해 키운다지요. 우리 아이들은 둥지 속에 갓 태어난 아기새와 같습니다. 아직 눈도 못 뜨고 깃털도 나지 않은 아기새 말입니다. 그래서 불안하기 짝이 없습니다. 아이들이 다 그렇지만 장애를 가진 아이들은 더욱 그렇습니다. 하루 종일 누워 있어야만 하는 아홉 살 미희도, 아무 소리가 들리지 않는 여섯 살 정훈이도, 어미새가 없으면 날갯짓을 못하겠지요.

이렇게 아픈 아기새를 품고 있는 어미새의 마음은 또 얼마나 아플

까요. 울다가 지치다가 날마다 부딪히는 현실이 두렵기만 할 거예요. 그래서 '신은 모든 곳에 있을 수 없어 대신 엄마를 만들었다'고 했을 겁니다.

어제 TV를 보다가 네 손가락 피아니스트 희아를 보았어요. 한 손에 손가락이 두 개밖에 없고 지능이 낮아 악보도 볼 수 없으며 다리마저 없는 희아가 세계적인 피아니스트가 되었잖아요. 희아 뒤에는 훌륭한 희아 엄마가 있었습니다. 있는 모습 그대로를 사랑하며 끊임없이 용기를 준 희아 엄마 말입니다.

우리 어머니들도 잘하고 계십니다. 귀여운 아기새가 저 창공을 날아오를 그날까지 함께 힘을 내 봅시다. 효동어린이집은 아기새를 위한 좋은 둥지가 되겠습니다.

세상 모든 일이 다 힘들지만 아이 키우는 일만큼이나 힘든 일이 있을까? 어떤 때는 아이 때문에 행복하기도 하지만 때로는 도 닦는 일보다도 더 힘든 일이 아닌가 싶다. 태어나자마자 대수술을 받아야 했던 유민이, 열 살이 되도록 자기 신발을 한 번도 신어보지 못한 도영이, 아무리 입을 벌려도 말이 안 나오는 민주…….

어린이는 모두가 귀엽고 사랑스럽고 소중한 존재들이다. 어머니는 아기를 가지려고 지극정성으로 공을 들였고 좋은 것만 보고 들으며 태교를 하였다. 그런데도 뜻하지 않게 장애를 가진 아기는 태어나기 마련이고 가정과 사회, 국가는 그들을 사랑으로 보듬어주어야 한다.

'한 아이를 제대로 키우려면 온 동네가 나서야 한다.'는 아프리카 속담이 있다. 아이들은 사랑으로 키워야 하고 장애아동은 더 많은 사랑과 관심이 필요하다.

그런데 많은 사람들이 눈만 뜨면 '다름'을 찾아 나선다. 누가 더 잘생겼고, 누가 더 지위가 높고, 누가 더 많이 가졌고, 누가 더 공부를 잘하고……. 남과의 차별화를 통해서 자신의 존재를 드러내보이려 한다.

우리가 진정으로 마음을 기울여야 할 것은 '같음'이 아닐까? 모두가 생로병사를 비켜갈 수 없는 인간이고, 행복을 꿈꾸는 대한민국 사람이며, 한두 가지 아픔을 안고 사는 외로운 존재라는 '같음' 말이다.

사람들은 누구나 존엄성을 존중받으며 건강하고 행복하게 살고 싶어 한다. '내 마음이 네 마음(吾心卽汝心)'이라는 수운 최제우 선생의 말씀처럼 우리의 '같음'을 인정한다면 누구나 한결 너그러운 사람이 될 수 있다.

좀 더 가진 사람이 없는 사람에게 나누어 주고, 좀 더 힘이 센 사람이 약한 사람을 안아주며, 좀 더 멋진 사람이 손을 내미는 아름다운 하루가 되었으면 좋겠다. '다름의 극대화'가 아니라 '같음의 확장'을 실천해간다면 우리 주변이 훨씬 밝아지지 않을까?

　찬바람이 분다. 옷깃을 여며야 하는 추운 겨울이 다가온다. 몸속의 추위는 오뎅 국물 한 그릇으로 풀 수 있지만 장애인에 대한 편견의 시선은 뼛속을 아리게 한다.

　진정한 행복은 눈에 보이고 만질 수 있는 것에 있는 것이 아니라 마음 안에 있는 것이라 했다. 정녕 우리가 추구해야 하는 가치는 '겉'이 아니라 '속'에 있고, '다름'이 아니라 '같음'에 있다.

어린이날을 맞이하며

노트를 꺼내는데 일곱 살 아들에게 썼던 메모가 따라 나왔다.

메모에는 이런 글이 쓰여 있었다.

'아가야. 너로 인해 부모가 되었다. 마흔넷에 엄마가 되었지만 난 초보 엄마지. 탯줄을 끊고 수유실에서 처음 너를 만나던 날, 간호사가 편하게 안으라고 해도 어떻게 안아야 할지 몰라 식은땀을 흘렸어.

너로 인해 엄마가 되었으니 정말 고맙다. 내가 너를 키우는 것 같아도 어쩌면 네가 나를 키우는 게지. 부모가 되려면 얼마나 인내하고 얼마나 가슴 졸여야 하는지를 비로소 알게 되었어.

여자는 약해도 어머니는 강하다는 말이 맞는 것 같아. 울고 싶을 때도 너를 보면 꿋꿋하게 살아야 하는 이유를 찾게 돼.

너는 지구상의 꽃들을 다 합친 것보다 예쁘고, 세상의 책을 다 읽은 것만큼 나를 철들게 하지.'

오늘은 어린이날이다.

공휴일이라 아무 생각 없이 늘어져 있다가 허리를 곧추세운다.

1923년, 소파 방정환 선생은 나라의 장래가 잘 되려면 어린이를 잘 키워야겠다는 생각으로 '어린이'라는 말을 처음 사용하고 어린이날을 정하였다.

방정환 선생은 "어린이를 어른보다 더 높게 대접하십시오. 어른이 뿌리라면 어린이는 싹입니다."라고 말했다. 윌리엄 워즈워드는 "어린이는 어른의 아버지"라고 했다.

어린이들에게 가장 필요한 것이 무엇인가를 묻는 설문조사에서 첫 번째로 많이 나온 것이 나의 이야기를 들어줄 친구, 선생님이었다고 한다.

생각해보면 나의 어린 시절은 많이 외로웠다. 따뜻한 사랑이 그리웠다. 내가 유치원 선생님이 된 것도 나처럼 외로운 아이들과 놀고 싶어서 그랬던 것 같다.

인구 절벽의 시대다. 요즈음은 아기 울음소리를 듣기가 힘들다. 두 사람이 결혼해서 한 명이 겨우 태어나니 부모는 자녀를 최고로 키우고 싶어 한다. 하지만 좋은 부모 되기는 그리 쉽지가 않다.

부모 자격증을 따지 않고 출발한 무면허라서 문제 아이는 없고 문제 부모만 있다는 뉴스를 종종 본다.

어린이가 원하는 건 장난감과 예쁜 옷만이 아니다. 더 많은 관심과 이해와 사랑이다.

'자식은 부모의 거울'이라 했으니 오늘은 아이를 통해 내 모습을 들여다보는 날이다. 어린이는 나라와 겨레의 앞날을 이어 나갈 새사람이다. 이번 주말에는 서울에서 공부하는 아들한테 한 번 가봐야겠다. 항상 아기일 줄 알았는데 어엿한 청년으로 자랐다. 몸은 컸지만 내 마음엔 아직도 어린이이므로 잠깐이라도 얼굴을 보고 와야겠다.

한 해를 보내며

배탈이 났다. 갑자기 뱃속에서 우르릉 쾅쾅 천둥이 치고 내장이 꿈틀거린다. 약속 장소는 아직 멀었는데 이 일을 어쩌나…… 더 이상은 못 참겠다 싶을 때 마침 주유소가 보인다. 옳거니, 아무 일도 아닌 척 최대한 허리를 펴고 천천히 내렸다. 그리고는 우당탕 쏟아냈다. 휴~우.

이제 살 것만 같다. 이렇게 시원할 수가 있을까. 그제야 눈앞에 걸린 작은 액자가 보인다. '아름다운 사람은 머문 자리도 아름답습니다.'

누가 썼는지 쏘옥 마음에 든다. 입꼬리를 올리고 한 번 더 천천히 읽어본다. 화장실 문을 열고 들어갈 때의 마음과 나올 때의 마음은 사뭇 다르다.

며칠 전에는 이런 글도 보았다.

'만약 당신이 저를 깨끗이 사용하시면 제가 본 것을 비밀로 하겠습니다. – 변기 올림' 재미있는 글이었다. 손을 씻으면서 옛날보다 깨끗해진 요즈음의 화장실이 너무 고맙다는 생각을 또

한 번 했다.

오늘은 한 해가 가기 전에 얼굴 한번 보자고 친구들이 모이기로 한 날이다.

혼자 사는 경애가 밖에서 만나는 것보다 자기 집이 편하다고 우릴 초대했다. 순자, 희숙이, 경애, 나 이렇게 넷이 모였다. 오랜만에 보는 친구들 얼굴이 반가웠다. 경애는 예나 지금이나 호박죽을 참 맛있게 끓인다.

순자는 외손녀를 보여준다고 휴대폰을 꺼냈다. 본인이 키울 때는 잘 몰랐는데 그렇게 예쁘단다. 희숙이는 친정 엄마가 치매 때문에 고생한다는 얘기를 하며 살짝 한숨을 쉬었다.

경애는 자기가 호박죽을 끓인 것도 임플란트 때문이라며 치과는 갈 곳이 못 된다고 했다. 우리도 몰래 우리의 이야기도 늙어 있었다.

나는 얼른 여고 시절 총각 선생님 이야기를 꺼냈다.

우리는 눈가에 깊어가는 주름을 움직이며 금세 여고 시절로 돌아갔다. 한참 수다를 떨고 나서 커피로 마무리하고 외투를 걸쳤다. 살아온 날보다 살아갈 날이 더 짧은 친구들과 내년에 보자며 헤어졌다.

한 해가 서서히 무대 뒤로 사라진다. 무대의 막이 천천히 내려오고 출연자들은 손을 흔들며 인사한다. 각자의 배역은 달랐지만 배역에 충실한 배우들에게 관객들은 박수를 보낸다. 모두들 애썼다. TV 드라마가 따로 있는 게 아니다. 우리들 한 사람, 한 사람이 연속극의 주인공이다. 어떤 이는 비극을 쓰지만 또 어떤 이는 희극을 쓴다.

노벨 문학상을 받은 조지 버나드 쇼는 묘비명에 '**우물쭈물하다가 내 이럴 줄 알았다.**'고 썼다지.

나는 어떻게 쓰면 좋을까. 아름다운 사람은 머문 자리도 아름답다는데 내가 머문 자리도 아름답게 남을 수 있을까.

외줄 타기

　아이들 머릿결에서 비누 향기가 난다. 몸짓에 우유 빛깔이 흐르고 해맑은 눈망울에 푸른 하늘이 비친다. 아장아장 걸음마를 하며 혀 짧은 소리를 건네올 때 꽃들은 함박웃음을 짓는다. 아이들 마음은 하얀 구름처럼 맑고 순수하다. 하룻밤 자고 나면 키가 훌쩍 커져 있다.

　79년에 유아교육과에 입학해서 유치원 교사가 되었다. 아이들과 만나는 매일이 새로웠다. 이것이 천직이었을까. 단 하루도 쉬어본 적이 없고, 단 한 번도 다른 일을 해 본 적 없이 40년 외줄 타기를 하였다. 어쩌면 2% 부족해서 여기까지 걸어왔는지도 모르겠다. 언제 한 번 백 점을 맞을 수 있을까 하고 오늘도 출근길에 나선다.

　어린이집은 아이들만 잘 보면 되는 것이 아니라 학부모와 소통도 중요하다. 아이가 다쳤거나 싸웠을 때 담임 선생님과 가정 방문을 하게 되는데, '옛날에는', '우리 클 때는' 이런 말을 해서는 안 된다. 모기에게 물리더라도 전화 드리고 우선 미안하다는 말부터 해야 한다. 무릎이 살짝 깨졌거나 작은 상처 하나에도 성형외과부터 달려간다. '이런 일로 왜 왔냐'는 의사의 눈총을 받더라도 일단 병원 문을 두드린다.

한 입이라도 더 먹이고 싶은 마음에 선생님들은 숟가락을 들고 사정을 한다. 나쁜 행동을 해도 혼내기보다는 호소를 하는 것이 다반사다. 아동의 권리를 존중해야 하니 우선적으로 아이들에게 선택권을 준다.

어린이집의 모든 공간에는 24대의 CCTV가 눈에 불을 켜고 있다. 아이들은 키가 작고 교사들은 몸집이 크다 보니 혹여나 위협하는 걸로 비칠까 봐 무릎이 닳도록 키를 낮춘다. 등원에서부터 귀가 지도까지 잠시도 눈을 뗄 수가 없는 특별한 아이들이다.

저출산시대라서 그런 것일까. 학부모들은 모두가 불안한 것 같다. 하나뿐인 아이가 행복했으면 하는 마음에 아이를 가만히 두지 못한다. 옆집 아이와 비교하면서 우리 아이가 부족한 것 같다고 우울해한다.

어제는 네 살 현준이가 세 살 승찬이를 깨물었다. 장난감을 서로 차지하려다 힘겨루기를 한 것이다. 아직 적절한 언어 표현이 안 되니 몸으로 표현한 것 같다. 물론 병원에도 데려갔고 가정방문도 하였다. 부모는 으름장을 놓는다. 한 번만 더 이런 일이 있으면 가만두지 않겠다고. 우리는 죄인이 되었고 깨문 아이의 엄마도 사과드렸다. 부모는 자기 자식 앞에서는 평정심을 잃기가 쉽다. 그럴 때 역지사지의 마음을 가져보았으면 하는 아쉬움이 남는다.

오늘도 나는 외줄 타기를 한다. 외줄 타기에는 힘 조절이 필요하다. 너무 느슨해도 안 되고 너무 팽팽해도 안 된다. 외줄 위에 아이들을 태우고 학부모들도 태우고 높은 창공으로 오른다. 숨 고르기를 하며 즐겁게 나아가리라. 나의 몸을 전부 맡긴 그 외줄을 믿으며.

새싹

동그랗게 몸을 말아
어둠을 견뎠구나

저 작은 조막손에
햇볕 한 줌 움켜쥐고

흙살을
밀어 올리는
네가 바로 기적이다

3장
꽃잎으로 남으리

가슴으로 쓰는 글

글은 마음의 도장을 찍는 일이다. 말은 허공에 날아가지만 글자는 새겨져 지워지지 않는다. 글은 한 사람의 양심이어서 거짓말을 할 수가 없다. 글은 자신을 가장 진솔하게 빚어내는 일이며, 깊은 내면에서 울려 퍼지는 마음의 목소리다.

주막집 한쪽 벽에 '순자야 보고 싶다.'는 낙서 한 줄에서 사람들은 잊지 못할 첫사랑을 떠올린다. 짧은 메모이거나 긴 글이거나, 글은 그 사람의 삶을 종이 위에 그대로 옮겨 놓는 일이다.

백발의 어머니가 내 아들에게 연필로 편지를 썼다.

'왕자님. 사랑합니다. 할먼이가 씀니다.'

이보다 더 따뜻한 사랑의 말이 있을까. 한 글자, 한 글자 삐뚤빼뚤 쓴 글 속에 할머니 사랑이 묻어난다. 엄마는 자신이 못 낳아본 아들을 딸인 내가 낳았다고 손자 사랑이 끔찍하다. 글은 손끝으로 쓰는 것이 아니라 이렇게 가슴으로 쓰는 것이다.

'죄수씨, 절거운 추석 마이 묵고 가이소.'

지금은 돌아가시고 안 계시는 시아주버님이 주신 글이다.

그때 그 쪽지 한 장이 콧등을 시리게 한다. 좀 더 잘해 드릴걸 하고 후회하게 된다. 아주버님은 젊은 날 교통사고로 한쪽 다리를 잃었다. 배운 것도 가진 것도 없어 결혼하기도 힘들었다. 그렇게 고생만 하시다 가셨다.

글은 카타르시스다. 아픈 것도 부끄러운 것도 솔직하게 써야 마음속에 쌓여 있던 응어리가 깨끗이 정화된다.

나는 어릴 때 상처받은 마음을 육십 년 동안 품고 있었다. 글쓰기를 통해 어머니에 대한 미운 감정을 토해내고 나니 개운하고 가벼워졌다. 글이 내 상처를 치유해 주었다. 모녀 사랑이 돈독해졌다.

글은 자신과의 다짐을 온몸으로 표현하는 실천 행위이다. 남편과 결혼해야겠다고 마음먹은 날이 2001년 3월 19일이었다. 그날부터 2012년 3월 1일까지 12년 동안 편지를 썼다. 하루에 한 장씩 하루도 빠지지 않고 썼으니 4천 3백 장이 넘는다. 죽을 때까지 쓰려고 했다. 나와의 약속이었다. 사랑한다고 쓰고 미안하다고 썼다. 고맙다고 쓰고 야속하다고도 썼다. 부부는 한 몸이니 마음도 하나 되려고 노력했다. 그런데 지금은 쓰지 못하고 있다. 쓸 말도 없고 할 말도 없는 묵언 상태다.

글은 바로 그 사람이다. 화장을 벗겨내고 가식도 벗겨낸 알몸 그대로의 모습이다. 글은 자기도 모르고 있던 내면의 모습을 알아차리게 해준다. 글은 자신의 녹슨 마음을 깨끗이 닦아준다. 오래도록 꺼림칙하게 가슴에 묻어 있던 때도 글쓰기를 통해 완전히 지울 수 있다.

글을 사랑한다. 아니 사랑할 수밖에 없다. 더 진솔한 나를 찾기 위한 여정, 글 쓰는 일을 계속해야겠다.

설리번은 살아 있다

 마법을 풀어줄 요술방망이는 어디 없을까. 딱 삼 일만이라도 기적을 내려주시면 좋겠는데 그것도 안 될까. 특별한 아이들과 지낸 지 이십 년이 다 되도록 아무것도 해줄 수 없는 나 자신에게 화가 난다.

 모기가 물어도 쫓을 수 없는 준희, 땅 한 번 밟아보지 못한 기식이, 고개도 못 들고 십 년째 누워 있는 미경이, 하루 종일 팔짝팔짝 뛰는 예진이, 아무 데나 뒹구는 승호에게도 무엇 하나 해결해주지 못하니 미안하기만 하다. 의학이니, 생명공학이니, 인공지능이니 하며 과학은 급속도로 발전하는데 우리 아이들에겐 언제쯤 그 손길이 닿을까.

 어제는 아이들과 야외 수영장에 다녀왔다. 50분 수영하고 10분 쉬는 시간을 민철이는 이해하지 못했다. 마구잡이로 뛰어드는 민철이를 대신해서 담임 선생님은 미안하다고 거듭 머리를 숙였다.

 아이들을 돌보는 과정에서 사고도 자주 일어난다. 한 번은 작업치료사의 코뼈가 부러진 적도 있다. 구슬 끼우기를 하던 준식이가 그만 코뿔소처럼 머리로 받아버린 것이다. 코피가 줄줄 흘렀고 선생님은 울었다. 아파서 울고 아이들 가르치는 게 힘들어서 울었다. 그런데도 아무것도 모르는 동호는 웃고 있었다.

안경을 낚아채는 아이, 팔을 깨물어 버리는 아이, 아무 데나 똥을 싸서 문지르는 아이, 우리 아이들의 행동은 각양각색이다.

지난주에는 사회적응 프로그램을 진행하기 위해 자장면을 먹으러 갔다. 방이 따로 있는 식당이라 우리 어린이집 식구들만 들어갔다. 그런데 선민이는 낯선 곳이라고 들어가지 못하고 결국 차 안에서 자장면을 먹었다. 매일 일어나는 돌발 상황에서도 우리 선생님들은 아이들을 위해 온몸을 던진다. 앞도 못 보고 말도 할 수 없는 헬렌 켈러를 훌륭하게 길러낸 설리번 선생님처럼 말이다.

그렇지만 선생님들이 아무리 정성을 다한다 해도 부모님들의 안타까운 마음에 비할 수 있을까.

경아 어머니는 판사, 아버지는 검사다. 그 바쁜 와중에도 경아를 공주님처럼 키운다. 분홍색 원피스에 분홍 머리띠, 분홍색 슈즈까지 신겨 마치 바비 인형 같다. 호두며 잣이며, 전복에 인삼까지 몸에 좋다는 건 다 갈아서 죽을 끓여 보낸다. 그러나 경아에게 죽 한 숟가락 먹이기는 쉬운 일이 아니다. 축 처진 아이를 끌어안고 목을 뒤로 젖혀서 거즈로 혀를 잡아당겨야 한다. 커피 스푼에 콩알만큼 죽을 떠서 혀 위에 올리고 혀를 말아주어야 한다. 삼키는 힘이 없는 경아는 서너 번 시도해야 겨우 한 번쯤 목으로 넘기기 때문이다.

지난번 기차여행 때는 선희 엄마 때문에 눈시울을 붉혔다. 손을 씻기려는데 팔뚝에 굵은 매직으로 집 주소와 연락처를 써둔 것이다. 방향 감각도 없고, 어디로나 뛰어가는 아이니 얼마나 걱정이 되었으면 그렇게 했을까.

실제로 졸업생 민수는 6차선 도로를 막무가내로 뛰어든 적이 있다. 민수를 붙잡느라 엄마가 뛰어들었고, 다행히 민수는 괜찮았지만 엄마가 차에 부딪혀 크게 다친 적도 있다.

헬렌 켈러는 사흘간의 소원을 이렇게 말했다.

"내가 만일 눈을 뜰 수만 있다면 첫째 날은 설리번 선생님의 얼굴을 보고 싶다. 둘째 날은 산으로 들로 가서 아름다운 꽃들과 빛나는 저녁노을을 보고 싶다. 셋째 날은 먼동이 터오는 새벽하늘과 영롱하게 빛나는 별을 보고 싶다."

만일 누가 나에게 사흘간의 소원을 들어준다면 우리 아이들이 마법에서 풀려나 "엄마, 아빠 사랑해요."라고 말하게 하고 싶다. 그 다음엔 툭툭 털고 일어난 자신의 멋진 모습을 거울에 비춰보게 하고 싶다. 그리고 아이들을 위해 온몸을 던지는 설리번 선생님들의 뜨거운 눈물을 보여주고 싶다.

주인을 찾습니다

　혼자 사는 최 선생님이 어깨를 축 늘어뜨리고 출근했다. 평소와 다르게 아이들은 눈에 들어오지도 않는가 보다. 마치 넋이 나간 사람처럼 핸드폰을 들고 왔다 갔다 안절부절못하고 있다.

　무슨 일이 있냐고 물었더니 강아지를 잃어버렸다고 한다. 어릴 때 데려와 5년을 키웠는데 택배 받느라고 잠시 문을 열어 놓은 사이에 없어졌단다. 주택이면 쉽게 찾아올 텐데 빌라 5층이라 못 찾아오는 것 같다며 밤새 찾아 헤맸다고 한다.

　어떻게 생긴 강아지냐 물었더니 자기 팔뚝을 내보이며 요만한 말티즈란다. "제가 힘들 때 우리 아이한테 엄청 위로 받았어요."라며 눈가가 촉촉해진다. 딱히 도울 방법도 없고 해서 조퇴를 권했다. 그런데 퇴근할 무렵에 강아지를 찾았다는 반가운 전화를 받았다. 유기견 보호 센터에서 극적으로 만났다고 한다. 주인을 만난 강아지도, 강아지를 찾은 주인도 한없이 기뻤을 것이다.

며칠 전에는 아들로부터 지갑의 주인을 찾아주었다는 이야기를 들었다. 무심코 벤치에 앉았는데 지갑이 있었다고 한다. 살짝 열어보았더니 카드가 여러 장 있고 주민등록증과 오만 원권 두어 장이 있더란다.

그래서 어쨌냐고 물었더니 아들은 당연하다는 듯 경찰서에 갖다 줬다고 한다. 왠지 아들이 대견스러워 보였다. 지갑 주인은 그 시간 동안 얼마나 초조하고 답답했을까. 카드사에 연락하고 주민등록증 분실 신고를 하고 개인 정보까지 걱정했을 것이다.

다행히 다음 날 주인을 찾았다고 연락이 왔고 지갑 주인은 고맙다며 오만 원을 사례금으로 보내왔단다. 그 넓은 서울에서 금방 주인을 찾았다니 신기하기만 하다.

차제에 새삼 주인에 대해 생각해보았다. 주인이란 '어떤 대상에 대한 소유권을 가진 사람'을 말한다. 내 집, 내 땅, 내 차, 내 옷은 모두 내가 주인이라는 것이다.

중국의 임제 선사는 "머무는 자리마다 주인이 되라, 그 자리가 모두 참된 자리다."라고 했다.

나의 주인은 바로 나인데 마음은 이리저리 고삐 풀린 망아지처럼 뛰어다닌다. 몸은 여기 있어도 마음은 딴 곳에 떠나 있을 때가 많다. 그럴 때 우리는 주인의 자리를 잃어버리곤 한다.

모든 것이 마음먹기 나름이라고 하지만 시시각각 깨어 있는 주인의 마음을 갖는 게 어디 쉬운 일인가. 수행자들이 참나를 찾기 위해 한평생 화두를 들고 씨름하는 것을 보면 마음의 주인 되기가 무척이나 어려운 일인가 보다.

'주인을 찾습니다.'

해답을 찾기 힘든 이 문제를 잠시 생각해보았다. 나는 누구인가 하고 굵직한 질문도 던져보았다. 강아지가 주인을 찾듯, 지갑이 주인을 찾듯 내가 내 마음을 찾아 주인으로 당당하게 살아갈 수 있었으면 정말 좋겠다.

춤을 춘다

　서른다섯 살이나 어린 강호가 "영희 뭐해?" 하며 카톡을 보내 왔다. 정신없이 일하다 말고 크게 한 번 웃는다. "응, 몇 시에 만날까?", "7시 나 학원 간다." 또 반말이다.

　강호와 만난 지는 10년이 되었다. 학원에 등록하고 처음 댄스화를 신은 날 강호를 보게 된 것이다. 잘생긴 얼굴에 훤칠한 키, 모델 같은 체형만 봐도 이미 선수 같았다. 그날부터 우리는 파트너가 되어 춤을 추었다.

　2011년 5월, 전국 장애인 댄스스포츠대회가 있었다. 우리 어린이집 초등부 아이들 7명과 교사 7명이 파트너가 되어 6개월간 호흡을 맞추었다. 그 결과 처음 참가한 대회에서 대상을 받는 놀라운 성과를 거두었다. 장애 아이들이 대회에 참가한 것도, 선생님들이 파트너가 된 것도 심사위원들에게 감동을 주었던 것 같다.

　그날 나도 무대에 함께 섰는데 그때 받은 기쁨과 충격은 이루 말할 수 없이 컸다. 휠체어를 타고 춤추는 선수도 있었고, 눈을 가리고 춤을 추는 시각 장애인도 있었다. 이렇게 어려운 상황 속에서도 도전하는 사람들을 보며 나도 장애인과 춤추는 사람이 되고자 마음먹게 되었다.

내 파트너 강호는 청각 장애인이다. 들을 수도 말할 수도 없다. 소리는 진동으로 느끼거나 내 입 모양을 보며 몸을 움직인다. 그때 강호는 중학생이었고 나는 쉰두 살쯤 되었던 것 같다. 엄마와 아들 같은 만남이었다.

우리는 매일 서로의 눈을 보며 마음을 맞추었다. 말하지 않아도 통하는 그 무엇이 더 진하게 느껴졌다. 강호는 나보다 먼저 학원에 다녔기에 춤도 잘 추었다. 내가 할 수 있는 일은 빠지지 않고 열심히 하는 것이었다.

학원엔 주로 학생들이 많았다. 초등학생들도 있었고 예술 고등학교에 입학하려는 준비생들과 체육대학에 목표를 둔 예비 국가대표 선수들도 있었다. 나는 어른들보다 아이들과 춤추는 게 좋았다.

흔히 댄스스포츠를 한다고 하면 밤무대쯤으로 오해하는 사람들이 있다. 댄스스포츠는 사교적 목적보다는 신체 단련을 위한 생활체육의 한 분야이다. 국가대표도 있고 세계선수권대회도 열린다. 일반적인 댄스스포츠대회가 있고 장애인 댄스스포츠대회는 따로 있다. 장애인 댄스스포츠대회는 장애인과 비장애인이 한 팀이 되어 춤을 추는 대회다.

나는 라틴 3종목을 하는데 룸바, 차차차, 자이브가 그것이다. 강호 덕분이긴 하지만 그동안 대회에 참가하여 상도 여러 번 받았다. 댄스 신발이 닳아 몇 번 바꾸었더니 어느새 10년이라는 시간이 지났다.

새끼발가락을 다쳐 깁스한 기간을 빼고는 학원을 빠진 적이 거의 없다. 바쁘다고 못 가고, 일이 있어 못 가고, 피곤해서 못 가고 별별 이유를 대다 보면 갈 수 있는 날이 없을 터이다. 그래서 무조건 간다는 나만의 원칙을 세웠다. 추울 때도 더울 때도, 비가 오나 바람 부나 빠지지 않으려 했다. 코로나 속에서도 마스크를 하고 면장갑을 끼고 춤을 추었다.

춤에는 어떤 마력이 있는 것 같다. 춤은 언어를 뛰어넘는 또 다른 몸의 언어임을 느낀다. 아무리 힘들 때나, 기분이 우울할 때도 춤을 한 번 추고 나면 기분이 좋아진다. 춤을 추며 배우는 것이 너무 많다. 상대방과 호흡을 맞춰야 한다는 것, 힘을 빼야 한다는 것, 기본 동작에 충실해야 한다는 것, 오롯이 나에게 집중해야 한다는 것.

지금까지의 춤은 연습이었고 이제 진짜 춤다운 춤을 추고 싶다. 온몸을 음악에 맡기고 내 안의 나를 표현하고 싶다. 그래서 나의 버킷 리스트에 이렇게 적어본다. 여든 살 나의 목표는 댄싱 퀸! 하하, 재밌다.

과거와 이별하기

　꽃집에 들러 유칼립투스 화분을 샀다. 공기정화식물이라 하여 정성을 들여 키웠다. 한동안 잘 자란다 했는데 추위에 그만 얼어 죽고 말았다. 아깝기도 하려니와 미안한 마음이 들어 한쪽으로 밀쳐놓았다.

　어느 날이었다. 베란다 문을 여는데 새순이 돋아나 있었다. 너무 반가웠다. 죽었다고 버렸으면 큰일 날 뻔했다. 전지가위로 죽은 가지를 조심스레 쳐내고 살아줘서 고맙다고 말해주었다.

　친구는 가끔 내게 전화하면서 '살아줘서 고맙다.'고 말한다. 새순을 만나 코끝이 찡했던 내 마음처럼 친구도 나를 보고 그랬나 보다. 그럴 때 나는 '다들 그렇게 사는 것 아니냐'고 말하곤 한다.

　요 며칠 글을 쓰면서 어린 시절 상처받은 내 속을 헤집다 보니 자꾸 나락으로 떨어진다. 아직 내 안의 아이가 울고 있는 과거에 사로잡혀 헤어 나오질 못하고 있다. 웃음도 없어지고 무기력한 나 자신을 발견했다. 모두 다 지난 일인데 마치 늪에 빠진 것 같았다. 괜히 이야기를 꺼냈나 싶고 후회가 들었다.

이제 용기를 내어 지나간 과거와 이별하고자 한다. 사람은 누구나 실수를 한다. 돌이켜보면 나도 많은 실수를 했다. 그런데도 남이 내게 준 상처만 기억하고, 아직도 그것들을 잊지 못하고 있다. 어리석은 집착이다. 과거는 이미 지났다. 나무는 묵은 잎을 스스로 떨어뜨린다. 만약 나무가 모든 나뭇잎을 매달고 있다면 아마 성장하지 못할 것이다.

천당과 지옥을 오가는 것도 내가 만드는 일이라는 것을 잠시 잊었다. 나를 미워하는 나도 내 안에 있고 나를 치유하는 나도 내 안에 있다. 미워하고 원망해 봤자 나만 괴롭지 상대는 알 리가 없다. 시련이 많을수록 나는 더 단단하고 견고해진다.

모든 것은 흘러갔다. 구름도 흘러갔고 강물도 벌써 흘러갔다. 번데기를 거쳐 나비가 되었는데, 아직도 생각이 번데기에 머무는 것은 우스운 일이다.

오늘은 어제 죽은 이가 그토록 살고 싶어 했던 날이다. 지나간 모든 것은 나의 경험이었고 나를 성장시키는 초석이었다. 생각을 바꾸니 기분이 좋아진다. 나를 가두려는 낡은 생각에서 벗어나니 이제 한결 편안해졌다. 나는 나를 꼭 안아 주었다,

"그래, 수고했다."

"많이 힘들었지."

"그래도 대단하네."

어린 시절의 내 상처를 어른인 내가 토닥여준 것이다. 따뜻했다.

있는 그대로의 나를 사랑해야겠다. 나는 지구상에 하나뿐인 존재다. 나무가 자라듯 한 뼘 더 자라는 일만 남았다. 오늘은 새날이다. 나비처럼 자유롭게 훨훨 날아보자. 살아 있는 오늘에 다시 감사한다.

각자의 속도

 아들 따라 헬스장에 갔다가 인바디 측정을 하게 되었다. 맨발로 기계 위에 올라가 체성분을 분석하는 기계였다. 결과지를 읽어보니 다리 근육량이 부족하다고 나왔다. 순간, 지팡이 짚는 내 모습이 연상되어 큰일 났다 싶었다. 얼른 운동화로 갈아 신고 강변공원으로 갔다.

 해 질 무렵이라 그런지 사람들이 생각보다 많았다. 나처럼 혼자 걷는 사람도 있고, 이어폰을 꽂고 뛰는 이도 있고, 손잡고 걷는 청춘들도, 휘적휘적 걷는 노인들도 있었다.

 걷는 모습만 봐도 그 사람의 나이와 성격을 알 수 있을 것 같았다. 한참 걷다 보니 강물 소리가 나지막이 들렸다. 얕은 물속에 긴 다리를 담근 왜가리도 보였다. 오종종 모여 노는 참새도 귀여웠다. 강둑 따라 한들거리는 노란 금계국도 발걸음을 멈추게 했다. 바람이 머릿결을 쓰다듬고 귓불을 스쳤다. 사람들은 나를 앞질러 성큼성큼 걸어갔다.

 운동한다는 것을 깜빡 잊어버리고 그냥 천천히 걸었다. 천천히 걸을수록 많은 것이 보였다. 한 걸음씩 나아가며 내 안을 들여다보게 되었다.

　빠르게, 더 빠르게 나아가는 지금은 초고속 인터넷 시대다. 휴대폰이 안 터지거나 인터넷이 안 되면 발을 동동 구르게 된다. 카톡을 보냈는데 바로 읽지 않으면 무슨 일이 있나 하고 걱정을 하게 된다. '칙칙폭폭' 기차는 옛말이 되었고 '쌩' 하고 KTX가 달린다.

　모든 게 빨라졌지만 우리는 바쁘다는 말을 입에 달고 산다. 빨리 해결해주는 기계들이 있으니 그만큼 시간이 남아야 하는데 오히려 더 쫓기며 산다. 자신을 돌볼 겨를도 없이 시간에 쫓기며 목표를 향해 줄달음친다. 모두 어디로 가려고 저렇게 바쁘게 달려가는 걸까. 앞만 보고 달려가면 막 다른 그곳에는 무엇이 있을까.

　각자의 속도는 다르다. 빨리 가는 사람도 있지만 느리게 가는 사람도 있다. 장애가 있는 우리 아이들은 더더욱 그렇다. 자신이 원하지 않아도 달팽이처럼 느리게 성장하는 아이들이 있다.

　장애 전문 어린이집을 운영하는 나는 신입생이 오면 반갑지만 한편으로는 '애야, 여기 왜 왔어?' 하는 마음이 들어 짠해진다.

　첫돌 지난 아기가 아장아장 걷는 것도, 지팡이 짚은 할머니가 위태롭게 걷는 것도, 각자 자기만의 보폭이 있다. 빨리 간다 해서 좋은 것도 아니고 늦게 간다 해서 나쁜 것도 아니다. 남이 내 인생을 대신 살아 줄 것도 아니고 나만의 속도로 걸어가야 지치지 않는다.

꽃들도 피는 계절이 다르지 않던가. 봄에 피는 진달래도 있고 가을에 피는 국화도 있다. 누가 더 빠른가를 비교하며 조급해할 필요가 없다. 급하게 가봤자 마지막 목적지는 똑같다. 일부러라도 천천히 걸을 필요가 있다.

한가롭게 오늘을 느끼며 산책하길 잘했다. 어쩌면 오늘이 내 인생의 전부다. 복잡하게 생각하지 말고 천천히 걷자. 발바닥에 닿는 땅의 기운을 느끼며 자기에게 알맞은 속도로 걸어가는 것이다. 이제 나도 내 속도를 찾은 것 같다.

'그래, 천천히 걷는 거야. 하늘도 보고 바람도 느끼며 그렇게 걸어가는 거야.'

죽음을 준비하다

영원히 살 것 같지만 죽지 않는 사람은 아무도 없다. 죽음이 두려운 것은 언제 갈지 모르고, 어디로 가는지도 알 수 없기 때문이다. 겨울이 오면 김장을 준비하고 여행 갈 때는 가방을 챙기는데 우리는 죽음에 대한 준비를 제대로 하고 있는 걸까.

친구 어머니가 인공호흡기를 달고 중환자실에 석 달을 계셨다. 회생 가능성이 없다는 의사의 진단을 받고 큰딸은 편안히 집으로 모시자고 했다. 그런데 평소에 잘 오지도 않던 둘째와 셋째가 나타나 그건 아니라며 울고불고하여 병원에 계시게 되었다.

처음엔 멀리 사는 형제들도 돌아가며 면회를 왔다. 시간이 길어지니 발길이 뜸해지고 서로 눈치를 보게 되었다. 직장생활을 하는 자식들은 시간 내기도 힘들고 경제적인 부담도 커졌다.

누가 왔는지도 모르는 어머니는 계속 누워만 계셨다. 결국 모든 가족이 동의하여 퇴원하였다. 집으로 돌아오는 길에 어머니는 눈도 한 번 못 뜨고 돌아가셨다.

남의 일 같지 않았다. 오래 사는 것이 중요할까, 잘 사는 것이 중요할까. 자식들도 딱하고 돌아가신 어머니도 안타깝지만, 어차피 헤어져야 한다면 둘 다 좋은 방법은 없을까.

사실, 그동안 몇 번 엄마와 이런 이야기를 나눈 적은 있었다. 구순을 앞둔 엄마는 별생각이 없는 듯했다. 마침 저기요가 왔길래 친구 이야기를 꺼냈다. "절대로, 나는 자식 애 안 먹이고 죽고 싶다."고 단호히 말했다. 2018년부터 시행된 '연명의료 결정 제도'에 대해 설명해주었다. "어차피 살아날 가망이 없는데 시간만 연장하면 뭐 하냐"며 바로 알아들었다. 죽는 사람도 큰 고통 없이 편안하게 죽는 것이 복이라 했다. 저기요와 나는 내일 당장 가자고 약속을 했다. 하나뿐인 자식에게 내가 해줄 수 있는 선물 같아서 살짝 들뜨기두 했다.

저기요가 엄마한테 한 번 더 물었다. "언니, 도저히 살아날 수 없을 때도 인공호흡기 끼우고 있을 거예요?" 엄마가 고개를 가로저었다. "그건 산목숨이 아니다"라고 하신다. 다음 날, 우리 셋은 손을 맞잡고 기분 좋은 나들이를 하였다.

국민건강보험공단에 가니 입구에 연명의료 상담실이 있었다. 주민등록증만 지참하고 가면 된다. 컴퓨터 앞에 앉은 상담자가 삼십 분 정도 자세히 설명해주었다. 우리는 미리 알고 있는 터라 사전연명의료 의향서 용지를 받아 또박또박 자기 이름을 쓰고 서명을 하였다. 휴대폰으로 국립 연명의료관리기관 시스템에 등록되었다고 문자가 바로 왔다. 휠체어를 밀고 문을 나오는데 발걸음이 한결 가벼웠다.

태어날 때는 내 의지와 관계없이 태어났지만 죽음은 내가 천천히 준비할 수 있어 여유롭다. 만약 아무런 준비 없이 마지막 이별을 맞이한다면 정말 황망할 것이다.

찾아보니 '웰 다잉 10계명'이라는 것도 있었다.

죽기 전에 하고 싶은 버킷리스트 작성하기, 유서 쓰기, 장례 계획하기, 묘비명 미리 쓰기, 영정 사진 찍어두기, 수의 준비하기, 사전연명의료 의향서 작성하기, 마음의 빚 청산하기…. 그런 것들이었다.

우리는 태어나는 순간부터 삶의 종착지를 향하여 뚜벅뚜벅 걸어가고 있다. 모두가 가야 하는, 다시는 돌아올 수 없는 그 길을 아름답고 품위 있게 가고 싶다.

어떤 이는 죽음에 임박해서 "살려 달라, 죽고 싶지 않다."고 울부짖으며 매달린다고 한다. 또 어떤 이는 친구들과 사전 장례식을 갖고 아늑한 분위기에서 와인을 마시며 감사의 인사를 전한다고 한다.

심장의 박동이 멈추는 그날은 편안한 죽음으로 아름다운 마무리를 해야 하는 삶의 졸업식 날이다.

"그동안 모두 고마웠어."

"잘 있어, 먼저 갈게."

손 흔들며 홀가분하게 졸업하고 싶다. 삶의 전 과정은 죽음의 순간을 위한 준비 기간이니까.

가끔은 아파야 한다

　삼 일째 침을 맞는다. 한의사는 손전등을 가져와 불빛 따라 눈을 움직여 보라 하고 급기야 손가락 열 개를 하나씩 펴보라 한다. 여기서 안 되면 뇌 사진을 찍어 보는 게 좋겠다고 한다. 아마도 보통 일이 아닌가 보다. 이유 없이 한쪽 팔과 다리에 힘이 빠지니 기분이 묘하다.

　차를 타고 거울을 유심히 바라보았다. 눈가의 주름이 늘어 보톡스를 맞아야 하나 고민했는데 이제는 얼굴 근육이 뻣뻣해져 거울을 자꾸 들여다보게 된다.

　여태껏 약 먹는 것과 병원 가는 게 딱 질색이었는데 정말 뇌 사진을 찍어봐야 하는 걸까. 뇌경색이나 뇌졸중이면 어떡하지. 한쪽 팔과 다리를 덜덜 떨며 나머지 인생을 살아야 한단 말인가. 직장은 어쩌고, 아들 뒷바라지는 누가 하며, 늙으신 어머니는 누가 돌본단 말인가. 야심차게 세워놓은 내 꿈들은 다 어떻게 되는 거지. 갑자기 별별 생각이 파도처럼 밀려든다.

　아, 그동안 다른 사람들도 나처럼 이렇게 아팠겠구나. 그들도 늘 건강할 줄 알았을 거야. 이렇게 갑자기 아프면 누구라도 억울한 마음이 들겠지. 내 몸이 아프면 체면이고 돈이고 다 무슨 소용이 있나. 건강을 잃으면 전부를 잃는다는 말이 맞는 말이구나. 그래, 나보다 더 젊은 나이에 유명을 달리한 사람들도 있고, 지금 이 순간에 병원 신세를 지고 있는 사람도 있잖아. 백세 시대니 해도 누구나 무병장수를 누리는 것은 아니니까.

운전을 하다 말고 깊은 수렁으로 다시 빠져들었다. 내가 원치 않는 일이 생길 수도 있다고 생각하니 눈앞이 캄캄해져 차를 한쪽에 세웠다. 펜을 꺼내 무언가를 적으려는데 어라, 손에 힘이 쭉 빠진다. 그건 아닐 거야, 아냐, 아니야.

그동안 누가 아프다 하면 건성으로 들었고, 속으로는 '누구나 조금씩 아프면서 사는 기 아나?' 했었나. 그런데 정작 내가 겪게 되니 남의 일이 아니었다.

이를 악물고 앞만 바라보고 살아왔는데 이제 와 내 몸을 내 맘대로 움직일 수 없게 된다면 어쩐다지. 머리를 기대고 하늘을 올려다보았다. 여태껏 살아오면서 가장 기뻤던 순간들과 특별한 기억들을 하나씩 떠올려 보았다.

외로웠던 10대, 힘겨웠던 20대, 주먹을 불끈 쥐었던 30대, 스스로를 채찍질했던 40대, 이제 뭔가 알 것 같던 50대, 겨우 숨 돌릴 만한 60대, 지난 시간의 앨범들이 파노라마처럼 스쳐 지나간다.

죽고 싶었던 날도 있었는데 이만한 일로 흥감 떠는 내 모습에 갑자기 코웃음이 났다. 맨날 파이팅하며 살자고 외쳤던 것을 생각하니 코끝이 찡해온다. 직장생활 하느라고 하루도 쉬어보지 못한 것이 안쓰럽기도 하다. 내 몸은 나를 담고 있는 그릇이라는 걸 잊고 살았다. 내 모든 신체 부위가 하나같이 소중했었구나. 건강하다는 것만으로도 얼마나 감사한 일인지 새삼 뼛속 깊이 느낀다.

그동안 내가 일에 너무 많은 욕심을 부렸구나. 이제 한 발 뒤로 물러서서 심호흡하며 바라봐야겠다. 내 몸을 내 맘대로 못 움직이면서 도대체 무엇을 한단 말인가. 그래, 뭐니 뭐니 해도 건강이 최고다.

정말 별일 없겠지? 그냥 몸 좀 돌보며 살라는 신호겠지? 눕혔던 의자를 바로 세우고 시동을 건다. 내 몸 없는 내가 어디 있겠는가 싶어 나를 꼭 안아주었다.

'고맙다. 친구야, 걱정하지 마. 내일은 널 데리고 병원에 갈 거야. 괜찮아, 아무 일 없을 거야.'

친구야, 니만 알아라

　친구야, 나는 항상 비상약을 가지고 다닌다. 가끔씩 아플 때, 삶이 고달플 때, 무기력증에 빠질 때, 비상약을 급히 꺼낸다. 이것은 물도 필요 없고, 약봉지도 필요 없는 신기한 약이다.

　약을 먹기까지가 힘들지, 먹고 나면 한 5분만 지나도 바로 효과가 나타난다. 눈가에 근육이 풀리며, 입꼬리가 올라가고, 크게 심호흡을 하게 된다. 때로는 고개를 들어 먼 산을 바라보게도 되고 심지어 새소리도 들려온다.

　'어떻게 그럴 수 있냐'며 이를 부득부득 갈다가도 '그럴 수밖에 없었겠지.' 하면서 화를 가라앉힌다. 진짜 신비로운 약이다. 미성년자가 살 수 없는 담배나 술도 아니고, 약국에 가서 사는 그런 약도 아니다.

　참 다행스럽게도 학력, 성별, 지위에 관계없이 누구나 구할 수 있으니 고맙기 그지없는 약이다. 특히, 신부님이나 목사님들이 이 약을 많이 드시는 걸 보았다. 어쩌면 그들은 중독자인지도 모르겠다.

나도 그동안 이 비밀을 몰랐다. 오만 가지 약을 백방으로 찾아다니다가 이제 겨우 알게 되었다. 침 잘 놓는 사람도 만나봤고, 한약도 먹어봤고, X-레이도 찍어 봤다. 겉은 멀쩡한데 속은 다 썩고, 검사를 해보면 신경성이라나 뭐라나. 대체 어쩌라는 거냐. 의사는 신경 쓰지 말라고 하지만 그게 어디 쉽게 되나. 생각하면 할수록 나사못처럼 헤집고 들어와 잠을 설치게 되고, 울음이 나기도 하지. 아무도 안 듣는 데서 욕이라도 실컷 했으면 싶을 때가 한두 번이 아니잖아.

사실, 나만 억울한 줄 알았는데 가까이서 보니 나처럼 힘들지 않은 사람이 없더구만. 천석군은 천 가지 걱정, 만석군은 만 가지 걱정이라더니 높은 곳에 있는 사람일수록 겉으로는 웃고 있어도 안으로는 많이 속상해하더라.

돈 없는 사람은 돈만 있으면 되고, 아픈 사람은 안 아프면 살 것 같지만, 한 가지를 해결하고 나면 또다시 원하는 게 생기잖아. 그런데 이 약을 발견하고 나서는 그조차도 내려놓게 되더라. 그게 다 욕심이니까 말이야.

이 비밀을 누설해도 될는지 모르겠다. 오만 원권 한 장이라도 받고 말해줘야 하는 건 아닐까? 그래도 뭐, 니는 오랜 친구니까 그냥 살짝 말해줄게. 친구야, 잘 들어래이. 그건 두 글자로 되어 있다. 첫 글자는 'ㄱ'으로 시작하고 두 번째 글자는 'ㅅ'으로 되었는데 귀 좀 대 봐라. ○○, 들리나? 뭐, 그리 눈을 동그랗게

뜨노. 그래 '감사.' 맞다. 놀랬나보네. 니 그거 몰랐제? 그기 있잖아, 진짜로 명약이더라, 니도 한 번 써봐라. 너무너무 힘들 때 이 약을 꺼내봐라. '감사.' 이렇게 말하고 꿀꺽 삼키는 거라. 그러면 신기하게도 힘이 난다.

그리고 누가 미울 때 있잖아, 그때도 효과가 최고다. '감사'라고 생각하는 순간, 그 사람 덕분에 배운 게 너무 많다는 걸 느끼게 되더라. 세상엔 똑같은 사람만 사는 게 아니구나, 뭐 그런 걸 배운다니까.

친구야, 우리도 이제 자꾸 나이 먹어가잖아. 몸은 어둔해지고, 얼굴에 주름은 늘고, 그래서 자꾸 서글퍼지잖아. 니는 안 그렇더나? 마음은 여전히 어린아이 같은데 겉으로는 어른인 척해야 하니까 힘이 드는 거지.

그러니까 매일 이 약을 먹어야 하는 거라. 감사, 감사, 감사, 이렇게 주문을 외는 거라. 그러면 찡그렸던 얼굴이 펴진다. 자식이 있어서 감사하고, 부모가 살아 계셔서 감사하고, 일할 수 있어 감사하고, 내 몸 하나 누일 곳 있어 감사하고, 걸어 다닐 수 있어 감사하고 그러면 감사하지 않은 게 하나도 없다.

내 말 알겠제. 나는 이 약을 알고부터 수시로 먹는다. 사실, 오늘 아침에도 하나 먹었다. 아쉬운 건 좀 더 빨리 알았더라면 더 좋았을 걸 싶다. 그러니까 니도 어서 먹어봐라. 요즘 힘들어 보이더라.

이만 줄인다. 니만 알아라, 알겠제. 한겨울이라서 춥다고 웅크리지 말고 이 약 하나 먹고 나가거래이. 맘이 진짜 새봄처럼 따스해질 기다.

지구별 여행 중

지수 엄마가 울면서 전화를 했다. 아이가 학교에서 돌아와 두 손을 모으고 기도한다는 것이다.

"하나님, 제발 저를 하늘나라로 데려가 주세요."

과잉행동장애(ADHD) 증상이 있는 아들이 오늘도 놀림을 받은 것 같다고 했다. 아홉 살 아이를 키우며 그동안 겪었던 수많은 이야기를 한꺼번에 쏟아낸다.

아파트에서 숨소리도 제대로 못 내고 산다는 이야기와 놀이터에도 나가지 못하는 사정을 하소연했다. 억장이 무너졌다.

자식 때문에 시어머니와 갈등을 겪고 그로 인해 이혼까지 하게 된 가련한 여자가 울고 있었다. 아이랑 죽으려 했었고 지금도 죽고 싶다 한다. 벼랑 끝에 선 어미 사슴과 아기 사슴을 어찌하면 좋을까.

얼마 전 광주에서는 다섯 살 된 발달 장애 아들과 함께 가족 세 명이 동반 자살한 사건이 있었다. 또, 서울에서는 열일곱 살

된 자폐성 장애인 아들을 살해하고 자살한 아버지가 '이 땅에서 발달 장애인을 둔 가족으로 살아가는 것은 너무 힘들다'면서 유서를 남기고 생을 마감했다.

청와대 국민청원에는 '발달 장애인 국가책임제'를 도입해달라는 글이 올라오기도 했다.

틱낫한 스님은 '진흙이 없으면 연꽃을 피울 수 없다. 지금 이 순간 그대로 행복하라'고 하셨다. 또, '꽃은 꽃 그대로가 아름답다. 당신도 자신 그대로가 아름다움인데 왜 다른 사람에게서 당신을 찾으려고 하는가?'라는 말씀도 하셨다.

스님께 묻고 싶었다. 그럼, 지수 엄마는 어떻게 해야 되냐고…….

지수 엄마랑 한 시간쯤 통화한 것 같다. 자식보다 하루만 더 사는 것이 소원이란다. 엄마 없는 세상에 아이가 혼자 살아갈 걸 생각하면 가슴이 미어진다는 것이다.

나는 조심스럽게 말을 꺼냈다.

영화 한 편으로 거액을 벌어들이는 스티븐 스필버그도 어렸을 때 집중을 못하는 산만한 아이였다고 했다. 천체 물리학자 아인슈타인도 어릴 때는 엉뚱한 문제아였다. 에디슨도 느려 터져 선생님들이 하나같이 손을 내젓는 아이였지 않느냐고 했다.

지수 엄마의 숨소리가 조금씩 안정되어 갔다.

"맞아요, 애물단지 같아서 정말 많이 울었어요." 하는데 코푸는 소리가 들렸다.

"하지만 지수가 나를 인간 만들려고 그런다고 생각하기도 해요."

잠시 침묵이 흘렀다.

나도 긴 숨을 들이쉬며 아픈 만큼 성숙해지는 거라고 위로했다.

지수 엄마가 한 마디 더한다.

"시련과 좌절은 나를 더 강하게 만들어 주기 위한 훈련이에요."

그리고는 웃었다. 전화를 끊고 나서 하늘을 쳐다보았다.

인류 최초로 우주를 비행한 소련의 우주비행사 유리 가가린은 '지구는 푸른빛'이라고 첫 통신을 보내왔다.

수천억 개 별들이 모인 은하에서 지구는 작은 별이다. 우리는 지금 지구별에서 여행을 하고 있다. 한 번도 가보지 않은 길을 제 나름의 보폭으로 뚜벅뚜벅 가고 있는 것이다. 지구는 푸른빛을 띤 희망의 별이다.

하루씩 살기

친구 남편이 아침밥 잘 먹고 출근했는데 주검으로 돌아왔다. 한 시간 전에 통화했다는데 교통사고가 난 것이다. 놀란 가슴에 달려가긴 했지만 어떤 위로의 말도 전할 수 없었다. 친구는 넋이 나가서 누가 왔는지도 모르는 것 같았다. 목숨이 이렇게 어이없이 끝난다는 게 너무나 허망했다.

친구 남편은 자상한 사람이었다. 서로를 아껴주는 두 사람의 다정한 모습을 모두가 부러워했다. '잘 있으라'는 말 한마디 없이 떠나버린 사람 앞에 가슴이 먹먹했다. 친구의 카톡방엔 지금도 활짝 웃는 남편 사진이 올려져 있고, '120살까지 살자 해놓고'라는 문구가 적혀 있다.

사람은 누구나 태어나면 죽는다는 것을 알고 있다. 하지만 죽음은 남의 일로 여기고 우리는 영원히 살 것처럼 생활한다.

여고 시절이었다. 학교를 일찍 마친 날은 가끔 당감동 화장장에 갔었다. 지금 생각하면 왜 그랬는지 모르겠지만 그때는 심각했다. 교복을 입고 책가방을 든 채로 부산 시청 앞에서 버스를 갈아탔다. 당감동까지는 한 시간 정도 걸렸던 것 같다. 화장터가 바라보이는 언덕배기에 앉아 짚신 신은 상주들의 행렬을 보았다. 장의차가 들어오고 곡하는 소리도 들렸다.

사는 게 무엇인지, 죽는 게 무엇인지를 알고 싶었다. 어디서 와서 어디로 가는 것인지도 알고 싶었다. 굴뚝에서 하얀 연기가 하늘로 피어올랐다. 사람이 죽어서 한 줌의 재가 되는 과정을 묵묵히 지켜보았다. 유골함이 나오고 지친 가족들의 모습이 사라져 갈 때까지 앉아 있었다.

대학 진학에는 관심도 없고 스님이 되어야겠다는 생각을 했다. 이것이 무엇인지 산으로 들어가면 알 수 있을 것 같았다. 작정하고 보따리를 싼 적이 있는데, 무남독녀라는 거미줄에 발목이 잡혔다. 엄마가 "너 하니 보고 사는데 내가 죽거든 가라"고 만류했다. 어쩔 수 없이 대학에 들어갔지만 궁금증은 풀리지 않았다. 학교 앞에 있는 작은 절에 매일 가서 묻고 또 물었다.

평소엔 잊고 살다가 장례식장에 다녀온 날, 그때 생각이 났다. 내겐 살아온 날보다 살아갈 날이 더 짧다. 죽는 날 또한 예측할 수 없으니 내일 죽는다는 마음으로 오늘을 살아야겠다. 오늘이 내 인생의 전부인 것처럼 말이다.

똑같은 날은 하루도 없다. 오늘이 나를 위해 가장 좋은 날이 되어야 한다. 하루 더 살려고 안달하지 말고 오늘 하루를 누려야 한다. 오늘은 처음이자 마지막 날이다. 찬장 깊숙이 넣어둔 좋은 그릇도 사용하고, 옷장 속에 모셔둔 예쁜 옷도 꺼내 입어야 한다. 다음에 만나자고 약속하지 말고, 보고 싶은 사람은 바로 만나야 한다.

오늘을 살기 위해 여태껏 달려왔다. 오늘이 내 생의 가장 즐거운 날이 되어야 힌다. 지나간 것은 이미 사라진 것이고 다가올 내일을 미리 걱정할 필요도 없다. 살아 있는 오늘에 감사한다. 딱 하루씩만 살자.

가을이 보내온 편지

우표도 없이 편지가 왔다. 시동을 켜는데 누가 차창에 딱 붙여 놓았다.

윈도우 브러쉬를 누를까 하다가 내려서 가까이 가보았다. 빨간 편지가 서너 장은 되었다. 비바람을 견뎌내고 붉게 타오른 단풍 편지였다. 손바닥에 올려놓고 한참을 바라보다 책갈피에 곱게 꽂아두었다.

출근길 라디오에서는 바리톤 김동규의 노래 '10월의 어느 멋진 날에'가 흘러나온다. 가을에는 하늘도 바다처럼 푸르다. 이 계절에는 내가 물속에 있고 하늘이 물 위에 떠 있다는 생각이 든다. 노래를 따라 부르다 보니 어느새 어린이집 주차장에 도착하였다.

문을 들어서니 아이들이 평소보다 들떠 있었다. 고구마 캐기를 하는 날이라 그런가 보다. 어린이집 뒤뜰에 심은 고구마 순이 하루가 다르게 자라더니 벌써 캘 때가 되었다. 땅 위로 뻗은

줄기를 걷어내고 호미로 살살 흙을 판다. 고구마가 줄줄이 얼굴을 내밀면 아이들은 고사리손으로 고구마를 집어낸다.

코흘리개 영철이는 신이 났다. 주먹만 한 고구마를 들고 와아, 소리를 지른다. 누가 더 큰 고구마를 캤는지 맞대보기도 하고 "선생님, 이것 좀 보세요." 하며 자랑을 한다. 처음에 들어가지 않으려던 경아도 이마에 땀이 송골송골 맺혔다. 흙은 고구마를 키웠고 우리는 아이들을 키우는 계절이다.

신발이며 옷이며 흙 범벅이 된 아이들을 씻기고 둘러앉아 김이 솔솔 나는 고구마를 나눠먹었다. 큰 것 몇 개는 관찰용으로 두었다.

'고구마는 저렇게 굵은 뿌리를 키웠는데 나는 그동안 무엇을 살찌웠나'

갑자기 고구마 앞에 숙연해진다.

가을은 우리들에게 참 많은 이야기를 던져준다. 수확의 기쁨과 함께 성찰의 시간을 갖게 해준다.

문을 나서며 아침에 넣어둔 단풍잎이 잘 있나 펼쳐보았다. 자세히 보니 성한 곳이 하나도 없다. 찢겨지고, 구멍 나고, 갉아먹히고, 점이 박히고……. 멀리서는 그저 예쁘게 보였는데 온전한 잎이 하나도 없었다.

다른 것은 어떨까 싶어 마당 한 켠에 있는 단풍나무에게 다가갔다. 수백 개의 나뭇잎을 올려다보았다. 가지를 아래로 휘어 자세히 보기도 했다.

'그랬었구나, 너도 그랬었구나.' 단풍잎마다 크고 작은 상처가 셀 수 없었다. 하마터면 눈물을 흘릴 뻔했다.

책갈피에 꽂아둔 단풍잎 아래 몇 글자 적어본다.

내 인생의 가을도 단풍처럼 아름답기를. 고구마를 품은 흙살처럼 부드럽기를.

어제 마음, 오늘 마음이 다르다

　가슴 한복판이 조여오기 시작하더니 숨을 쉴 수가 없다. 명치 끝에서 목덜미까지 뻣뻣하게 굳어 온다. 아무리 복식호흡을 해도 진정되지 않는다. 이러다 심장이 터져 죽을 것 같아 서둘러 병원으로 갔다.

　순환기내과에는 대기 환자가 많아 바로 응급실로 가는 게 좋겠다고 해서 난생 처음 혼자 응급실로 갔다. 흉부 엑스레이를 찍고 심전도 검사를 했다. 혈액검사, 소변검사를 하고 나니 동맥혈 가스 검사를 한다며 손목 안쪽을 굵은 바늘로 깊이 찔렀다.

　링거를 달고 검사 결과를 기다리는데, 이러다가 집에도 못 가고 죽는 게 아닌가 하는 걱정이 들었다. 아무에게도 말을 안 하고 와서 전화를 걸려고 핸드폰을 꺼냈다.

　그때 119가 도착하고 갑자기 주위가 부산해졌다. 바로 옆 침대에 응급환자가 들어왔다. "어르신, 어르신 눈 떠보세요." "어르신, 어르신 눈 떠보세요." 하는 소리가 들렸다. 누군가는 "보호자님 어디쯤 오고 계세요?" 하며 다급히 전화를 건다. 30분쯤 걸린다는 전화 속 목소리도 들렸다.

"어르신, 어르신 눈 좀 떠보세요." 발을 동동 구르는 소리가 이어지더니 이내 심장 제세동기를 켜는 소리가 들렸다. 그런데 잠시 후 '뚜뚜뚜' 하다가 소리가 멈췄다. 11시 15분이라고 했다. 아마도 사망 시각을 말하는 것 같았다.

갑자기 화면이 정지되어 버렸다. 산 자와 죽은 자가 옆에 함께 누워 있었다. 아, 이렇게 떠나는구나. 갑자기 정신이 번쩍 들었다. '왜 내가 여기 누워 있지?' 하고 아픈 가슴을 만져보았다. 아무렇지도 않았다. 그때 의사가 결과지를 들고 와서 "좀 어떠세요?" 하고 물었다. 지금은 괜찮다고 했다. 의사는 검사 결과에두 아무 이상이 없디고 했다.

"가슴이 그렇게 아팠는데 아무 이상이 없다고요?"

"혹시, 신경 쓴 일이 있습니까?"

"그것과 무슨 관계가 있나요?"

"일시적인 과호흡 때문입니다."

"그게 뭡니까?"

흥분하거나 심리적인 불안이 있을 때 숨을 몰아쉬게 되고, 그러면 폐 속으로 산소가 너무 많이 들어가서 생기는 증상이라는 것이다. 의사는 한마디를 더 하였다. 진짜 몸이 아프면 응급실에 자기 발로 걸어 들어오지 못한다고. 그러면서 내 병은 마음이 아픈 거라 했다.

세상에, 기가 막혔다. 아무 약도 처방해주지 않아 그냥 병원비만 내고 왔다. 들어갈 때 혈압이 166이었는데 나올 때는 120으로 떨어졌다.

왜 그랬을까. 사실 마음이 답답한 일은 있었다. 그날이 남편 생일이었고 그것도 환갑날이었다. 떨어져 살고 있으니 축하할 수도 없는 처지이고 마음이 편치 않았다. 혼자 밥은 챙겨 먹는지, 인연이라는 게 뭔지 머릿속이 복잡했다. 하루가 빨리 지나가길 바라며 출근길에 나섰다.

그때 지인에게서 전화가 왔다. 남편이 전화를 안 받아서 내게 전화를 했단다. 생일 축하한다고 꼭 전해달라고 하신다. 그때부터 심장이 더 뛰기 시작했다. 여러 가지 생각들이 좌충우돌하면서 졸지에 응급환자가 되었던 것이다.

하룻밤 자고 나니 아무것도 아닌 것을 어제는 왜 그랬을까. 그래도 병원은 잘 다녀왔다는 생각이 들었다. 몸에 이상이 없다니 그것만도 다행이다. 환갑은 같이 못해도 칠순은 챙기지 뭐.

어제 살아 있는 이가 오늘 죽고, 오늘 살아 있는 이가 내일 죽기도 한다. 하루씩만 살자. 기왕에 내가 선택한 길이니 기쁘게 살자. 어쩌면 오늘이 내 인생의 마지막일지도 모르니까.

입춘대길

다시 봄이다. 씨앗을 준비해야겠다. 매서운 추위가 기승을 부리지만 그리 멀지 않았다. 겉보기엔 아무 일 없는 것 같아도 저 나무 속에는 봄의 물살이 흐르고 있다. 이제 곧 산수유가 꽃망울을 터뜨릴 것이다. 매화며 목련이며 벚꽃도 일제히 가슴을 열겠지.

봄을 기나리는 마음과 복된 기운이 가득하기를 바라는 염원을 담아 사람들은 대문에 입춘대길(立春大吉)이라고 써 붙인다. 개구리는 잠에서 깨어나 기지개를 켜고 시냇물도 슬슬 몸을 풀기 시작한다.

엄마는 지팡이 짚고서라도 파종하실 생각에 벌써부터 얼굴에 꽃물이 번진다. 상추씨는 종이컵에 담겨져 병아리처럼 엄마 곁에서 잠자고 쑥국, 냉잇국 향기가 벌써부터 뚝배기에서 피어난다.

씨앗에서 새싹이 돋고 꽃이 피고 열매 맺는 것을 보면 자연의 신비에 그저 감탄할 수밖에 없다. 봄엔 한 뼘의 땅이라도 좋으니 씨앗을 뿌려보자.

씨앗은 땅에만 뿌리는 것이 아니다. 마음에도 씨를 심어야 한다. 바로 착한 마음씨 말이다.

성품이 따뜻하고 마음이 온화한 사람은 복을 받는다고 했다. 특히 아이들을 가르치는 우리는 마음씨가 보드랍고 따뜻해야 한다. 그래야 아이들이 밝고 건강하게 자랄 수 있기 때문이다.

말의 씨도 마찬가지다. 말씨를 곱게 쓰는 사람은 마음을 곱게 쓰는 사람이다. 말로 그 사람의 생각이 흘러나오기 때문이다.

'성 안 내는 그 얼굴이 참다운 공양구요

부드러운 말 한마디 미묘한 향이로다

깨끗해 티가 없는 진실한 그 마음이

언제나 한결같은 부처님 마음일세'

위 게송은 문수 동자가 무착 선사에게 일러준 말이다. 성 안 내는 밝은 얼굴과 부드러운 말 한마디가 사람과 사람 사이를 향기롭게 한다.

그걸 알면서도 참 쉽지가 않다. 불쑥불쑥 나쁜 마음씨가 잡초처럼 올라올 때가 있다. 참아야 할 말이었는데 참지 못하고 그냥 웃어주면 될 것을 꼬치꼬치 따진 일들이 후회가 된다.

습관처럼 남의 흉을 보기도 하고 미안한 걸 미안하다고 말하지 못한 적도 있다. 그래서 봄은 다시 온다. 새로 씨앗을 심으라고.

길섶에도 돌담 사이에도 꽃이 피는 새봄이다. 입춘대길이라고 써 붙일 때 착한 마음씨 한 포기, 예쁜 말씨 한 포기도 잊지 않고 심어야겠다.

고목에도 피는 봄

　나무들이 발가락 장난을 한다. 뿌리에 뿌리를 맞대고 서로 간질여준다.

　앙상한 가지에서 천 개의 손가락이 나온다. 천 개의 손과 천 개의 눈을 가진 천수천안관세음보살이다.

　봄이 오면 아이도 어른도, 앞집 강아지도 자연이 주는 선물에 놀라 마음이 들뜬다. 봄은 완전히 죽었다고 내버린 화분에도 싹을 틔운다. 천지의 온갖 새싹들과 꽃들이 일제히 함성을 지른다.

　봄은 새 출발이다. 시작하는 시간이다. 유치원 아이들은 노랑 가방을 메고 병아리가 된다. 대학생 미애는 얇은 블라우스를 입는다.

　농부들은 밭고랑에 희망을 심는다. 하늘은 장막을 걷어내고 꽃무늬 커튼을 두른다.

　봄은 자세히 들여다보는 '봄'의 계절이다. 창밖을 내다 '봄', 봄비를 가슴에 적셔 '봄', 꽃을 보듯 너를 '봄'이다. 그뿐이 아니다. 한 번 해 '봄', 새로 출발해 '봄', 다시 시작해 '봄'의 순간이다.

늦은 때는 없다. 지금이 바로 시작할 때다.

1920년생 김형석 교수는 며칠 전에도 특강을 하였다. 103세 나이에 지팡이도 없이 또랑또랑 인생에 대해 조언을 한다. 자신이 걸어온 길을 반추해 보니 인생의 황금기는 60세부터 75세까지라 했다. 90세도 충분히 열정을 쏟을 수 있으며 늙은 나이가 아니라 한다. 그렇다면 나도 지금 막 황금기에 들었는데 왜 그걸 몰랐을까.

75세에 처음으로 붓을 든 모지스 할머니도 오늘부터 행복해지는 것이 중요하다고 한다. 진정으로 심장이 시키는 일이 있다면 지금 시작해야 한다. 모지스 할머니가 101세에 마지막으로 그린 그림은 무지개다. 무지개는 먹구름과 비와 바람이 지나가고 난 뒤 아름답게 뜬다.

오늘은 내 인생에서 가장 젊고 아름다운 날이다.

나이가 든다는 것은 헐렁한 고무줄 바지처럼 마음의 여유가 생기는 것이다. 뜨거운 냄비를 아무렇지도 않게 들 수 있는 것은 숱한 역경을 이겨낸 옹이가 있기 때문이다. 시력이 점점 멀어지는 것도 가까이 보기보다 멀리 보기 위함이다. 오지 않은 내일을 걱정하고 지나간 일들을 생각하며 고민할 이유가 없다.

봄이 왔다. 새롭게 시작하기 위해 새봄이 온 것이다.

인생 제1막은 학교 다니며 배우는 시간이다. 제2막은 결혼하고 가정을 꾸리며 자녀를 키우는 시간이다. 이제 제3막이 시작되었다. 나 자신의 삶으로 오롯이 살 때가 왔다. 고목에도 꽃이 피는 봄이다.

어린 나무도 예쁘지만 오래된 우람한 고목에서 꽃이 필 때는 더욱 아름답다. 연륜에서 흘러나오는 푸근함과 여유가 있기 때문이다.

너도 꽃, 나도 꽃, 모두가 꽃이다.

반가운 기침소리

아흔 되신 엄마가 더 이상 걷지 못하게 되었다. 마음은 청춘인데 기저귀 신세가 되셨으니 일상이 달라졌다. 낮에는 요양보호사가 오니 그나마 다행인데, 밤에는 내 몫이 되어버렸다.

남들이 간병 얘기할 때는 그냥 그런가 보다 했는데, 막상 나의 현실이 되고 보니 만만치가 않다. 식사를 챙기고, 약을 드시게 하고, 인슐린 주사에, 기저귀까지 갈다보니 슬슬 몸살이 난다. 엄마는 나보다 15kg이나 더 나가니 몸을 움직이기가 그리 쉽지 않다. 게다가 관절이 굳어 마음대로 만질 수도 없다.

주말이면 온종일 엄마 곁에 있다 보니 직장생활하는 나로서는 쉴 틈이 없다. 잠시 외출했다가도 혼자서는 아무것도 할 수 없는 엄마 생각에 부리나케 달려오게 된다.

나도 나지만 누워 있는 엄마가 답답해 하신다. 어제는 요양원에 계시는 시어머니와 통화하게 해드렸다.

"사돈, 몸은 좀 어떠신기요?"

"아이구, 내 사마 먹는 기 제일 힘든 기라요."

"나도 누워서 똥, 오줌 받아내니 할 짓이 아닙니더."

"그라믄 마, 이리로 오이소오."

"싫습니더, 난 우리 집이 좋습니더."

누워 있는 두 사람의 이야기 주제는 똥이었다. 시어머니는 휴~우 한숨을 내쉬더니 "다른 건 괜찮은데 내 똥 치우는 걸 보면 그기 제일로 미안한 기라요." 하시며 울먹이신다. 엄마도 "맞습니더, 우리가 이래될지 누가 알았겠능교" 하며 눈시울을 붉혔다.

시어머니는 구강암으로 투병 중이시다. 연세도 있으시고 더 이상의 치료 방법이 없으니 통증 완화 약만 드신다. 평생 선하게만 살았는데 저렇게 고통받다니 안쓰럽다. 친정 엄마도 당뇨병을 오래 앓다 보니 당뇨병 발이 되어버렸다. 머리끝에서 발끝까지 어디 성한 곳이라곤 없으니 약 보따리만 가득하다. 액자 속 엄마는 곱디고운데 돌아가실 날만 남았으니 안타까운 일이다.

생로병사라 했던가.

누구나 그 길을 간다지만 경험해보지 않으면 아무도 그 일을 알 수가 없다. 산다는 게 결국 늙고, 병들고, 아파서 죽는다는 사실이 너무 가혹하기만 하다.

엄마는 그동안 보여주지 않았던 틀니를 나에게 씻어 달라고 부탁하신다. 아랫니, 윗니 모두가 틀니이니 치아를 뺀 엄마 얼굴은 합죽해서 딴판이 되었다. 틀니를 씻을 때 손끝에 닿는 느낌이 이상하다. 그러나 저 틀니로 우물우물 식사를 하고, 치아를 하나씩 뺄 때마다 얼마나 고생하셨을까 싶은 생각이 이제사 든다.

"엄마, 언제부터 이빨이 아팠어?"

"응, 니 가지고 그때 생니를 앓았제."

"그래서 어쨌어?"

"임신 중에 빼면 안 된다 케서 맨날 울었다."

그랬었다. 뱃속에 자라고 있는 아이를 위해 참으셨던 것이다. 말씀을 듣고 나니 슬픈 행복감이 밀려온다. 내가 갓난아이였을 때 엄마는 나를 애지중지 키웠을 것이다. 업어주고, 안아주며, 젖을 물리고, 기저귀를 채워주셨겠지. 우리 아가 배고플까 하고 보따리 장사를 하다가도 아무데서나 젖을 물리셨다 한다.

맞다. 이제 그 역할을 바꿀 차례가 된 모양이다. 엄마는 이제 나의 아기가 되었다. 젖은 기저귀를 빼내고 따뜻한 타월로 온몸을 닦아드린다. 여기저기 파스를 붙이고 혹시, 오줌이 샐까 봐 매트에 까는 패드를 치마처럼 묶어 입힌다. 수면양말을 신기고 이불을 덮어드리고 건넛방으로 온다.

"무슨 일 있으면 전화해" 하고 머리맡에 핸드폰을 두고 오지만 자꾸 방문 앞에 서게 된다. 새벽에도 기침소리가 나면 안심인데 아무런 기척이 없으면 불안해진다.

"엄마~"

"……"

"어~ 엄마."

"으응."

휴우~ 살아계시는구나, 안도의 깊은숨을 몰아쉰다.

지금껏 참 많이도 엄마를 불렀던 것 같다.

어린아이였을 때도, 힘들 때도, 기쁠 때도 가장 많이 부른 이름이다.

"엄마 땜에 못 살아" 했던 적도 있었다.

"엄마는 왜 그러냐고" 따졌던 적도 있었다.

엄마는 그런 존재였다.

"엄마" 당신의 이름을 오래오래 부르고 싶습니다.

에필로그

이제 홀가분하다

글을 쓰고 나니 마음이 한결 홀가분해졌다.
원고를 정리하는 동안 아픈 기억들이 다시 떠올라 힘들었지만
감추고 싶었던 이야기들을 솔직하게 드러내니
나 스스로 치유된 기분이다.
인생은 혼자 태어나 혼자 죽는 일이다.
나는 오직 '나'일 뿐이고 나를 사랑하는 사람 또한 '나' 자신이다.
요즘은 내가 나를 꼭 안아준다.
'사랑해, 수고했어.' 하며 나를 토닥인다.
누구를 원망할 필요도 없고 괴로워할 이유도 없다.
아침에 눈을 뜨면 오늘 하루를 값진 선물로 받는다.
잘 때는 이대로 눈을 감아도 좋다는 생각으로 잠을 청한다.
살아가는 매 순간은 드라마다.
이야깃거리가 많은 삶은 책 쓰는 일에도 도움이 된다.
나를 낳아주신 어머니, 아버지께 감사드리며
내가 낳은 아들 형원에게 감사의 마음을 보낸다.
이 책이 세상에 나올 수 있도록 응원해주신 메이킹북스 장현수
대표님께도 심심한 감사의 인사를 드린다.